EXU não é DIABO

Alexândre Cumino

EXU não é DIABO

MADRAS®

© 2025, Madras Editora Ltda.

Editor:
Wagner Veneziani Costa *(in memoriam)*

Produção e Capa:
Equipe Técnica Madras
Daniel Marques

Revisão:
Ana Paula Luccisano
Margarida Ap. Gouvêa de Santana

Dados Internacionais de Catalogação na Publicação (CIP)
(Câmara Brasileira do Livro, SP, Brasil)

Cumino, Alexândre
Exu não é Diabo / Alexândre Cumino. -- 10. ed. --
São Paulo : Madras, 2025.
ISBN 978-65-5620-018-7
1. Exu 2. Exu (Orixá) 3. Umbanda (Culto)
I. Título.

Índices para catálogo sistemático:
1. Exu : Teologia de Umbanda : Religiões de origem africana 299.67
Maria Alice Ferreira - Bibliotecária - CRB-8/7964

É proibida a reprodução total ou parcial desta obra, de qualquer forma ou por qualquer meio eletrônico, mecânico, inclusive por meio de processos xerográficos, incluindo ainda o uso da internet, sem a permissão expressa da Madras Editora, na pessoa de seu editor (Lei nº 9.610, de 19/2/1998).

Todos os direitos desta edição reservados pela

MADRAS EDITORA LTDA.
Rua Paulo Gonçalves, 88 – Santana
CEP: 02403-020 – São Paulo/SP
Tel.: (11) 2281-5555 — (11) 98128-7754
www.madras.com.br

Dedico este livro Exu não é Diabo *à memória de* **Rubens Saraceni**, *o homem que mudou completamente a visão de Exu na Umbanda. O médium que psicografou pela primeira vez romances de Umbanda. O sacerdote que idealizou cursos livres e teóricos de Teologia de Umbanda aberto a todos, médiuns ou não. O Mestre que preparou a mim e a outros milhares de médiuns para sua caminhada sacerdotal. O Pai que sempre foi absurdamente generoso com todos que bateram à sua porta. O amigo inesquecível, cujas palavras continuam a ecoar em nossos corações e em nossa alma. O Grão-Mestre de Magia que nos ensinou a ser nós mesmos e a ir ao encontro de nosso Ancestral Místico! Rubens Saraceni, você é o Mestre Inesquecível, e nós lhe rendemos graças, amor e saudade!!!*

Agradeço ao Irmão e Mestre **Wagner Veneziani Costa** *por nunca medir esforços para que cada vez mais o livro de Umbanda chegue a todos os lugares possíveis.*

Alexandre Cumino

Índice

Primeira Parte – Quem é o Diabo?..................................9
Introdução..10
Quem é o Diabo?...17
Origem de Deus Único e Diabo Único........................19
Lúcifer, o Diabo Particular Cristão..............................23
Diabo no Imaginário Popular......................................26
Pactos com o Diabo...27
     Fausto de Goethe..27
     Robert Johnson – Pai do Blues.........................28
     Riobaldo – *Grande Sertão: Veredas*................. 30
A Pergunta que não Quer Calar!................................31
Teologia do Medo..33
Deus e o Diabo na Bíblia...36
Muitos Deuses e Muitos Diabos.................................39
O Diabo na Bíblia – e Além Dela................................42
Conclusão..65

Segunda Parte – Eu Sou Exu!.................................67
Orixá Exu...68
Eu Sou Orixá Exu!...72
Orixá Exu...85
     Não Há Verdade Absoluta.................................86
Origens de Exu..91
Exu Indecifrável...102
Exu Controverso..104

Exu dos Mil Nomes 108
Exu Ensina 113
Exu Dionisíaco 133
Exu Relativo 135
Exu Trickster 137
Exu Quântico 141

Terceira Parte – Exu na Umbanda 148
Demonização de Exu 149
A Demonização de Exu Dentro da Umbanda 154
Exu Desapegado 160
Exu não Está à Venda! 163
Exu é Espelho de Seu Médium 166
Chuta que é Macumba?! 169
Exu Vai te Pegar?! 171
Doutrinando "Seu" Exu?! 173
Tabu e Preconceito com Exu 175
"Exu Faz o Bem e Faz o Mal? Depende,
o que Você Pede para Ele?" 177
De Quem é a Responsabilidade 179
Exu x Espiritismo 183
Chifre e Pé de Bode 186
Tranca-Ruas do Mal?! 188
Incorporação do Bem ou do Mal? 193
Medo de Kiumba 195
O que é o Sacrifício Animal? 197
Exu e os Dois Amigos – o EGO 200
Nomes de Exu na Umbanda e sua Correta Interpretação 203
Palavra do Editor 210
    O Orixá Exu 212
    O Senhor Ganesha e *Mahabharata*, de Vyasadeva 213
    Exu e a Esfera 215
    O Diabo 218
Posfácio 220
Bibliografia 223

PRIMEIRA PARTE
Quem é o Diabo?

"Estamos condenados a ser livres. Inferno são os outros."
Jean-Paul Sartre (1905-1980)

Introdução

*"Exu não é Diabo, Exu não é santo!
Exu é Orixá negro, iorubá e é entidade,
mestre e Guardião de Umbanda."*

*"Exu não é o Diabo, mas conhece
muito bem o Dito-cujo."*

Afirmar que "Exu não é o Diabo" é muito certo, fácil, tranquilo e claro para todos que conhecem Exu Orixá ou entidade, também considerado guia, guardião, amigo e Mestre.

No entanto, nesse contexto, não basta dizer quem é Exu, mostrá-lo, revelá-lo ou desmistificá-lo. É preciso questionar, também, quem é ou o que é Diabo.

Da mesma forma que as pessoas acham que sabem quem é Exu, também acham que sabem quem é Diabo. No campo desta ciência nada exata chamada "achologia", a base fundamental é a ignorância, mãe do preconceito, de onde surgem as definições, associações e ligações mais absurdas e até ridículas. No fundo, a grande maioria das pessoas não sabe nem quem é Exu, muito menos quem é ou o que é "Diabo". Quando um grande número de pessoas passa a crer em algo, por mais que esteja errado, aquilo passa a ser considerado certo apenas pelo fato de que o erro de um apoia o erro do outro, o que pode ser chamado de "senso comum" – estudar e fundamentar um conceito é "senso crítico" no qual se assenta ciência, conhecimento e método.

Nós, além de definir Diabo e estudá-lo, podemos partir para conceitos mais refinados como "Diabo pessoal" e "Diabo coletivo".

Apenas constatamos o fato de que cada pessoa, consciente ou inconscientemente, cria seu "inferno" particular, e que um grupo com valores semelhantes cria seu "inferno" coletivo. Esse "inferno" é a sombra particular e coletiva e, ali, o que assombra, assusta e dá medo pode ser chamado de "Diabo" pessoal ou coletivo. Aí é que surge a possibilidade perversa de separação, dissociação de algo tão seu, como seu ego ou sua vaidade.

Considerar que uma parte sua, do seu eu mais profundo, é, na verdade, um outro ser que o ataca, passa a ser um problemão que vai crescendo e crescendo ao longo dos anos: o "infeliz" vai criando uma dissociação do eu, cria um outro eu em seu próprio eu e demoniza a si mesmo, crendo constituir outro ser, e, então passa a mandar embora o que não pode ir embora, porque é uma parte sua. É assim que todos os dias igrejas e pastores expulsam "demônios", e os mesmos demônios voltam todos os dias para ser expulsos outra vez. Na verdade, eles nunca foram e nunca vão embora, eles são parte indivisível e inseparável do ser, o que podemos chamar de nossa sombra. Quanto mais mandar sua "sombra" embora, com o nome que quiser dar, mais ela cresce e o "cidadão" terá de disputar uma batalha cada vez maior. É por isso que as pessoas mais desequilibradas acreditam que estão travando uma batalha mortal na Terra contra as forças do mal que assolam toda a humanidade.

Se pensasse um pouquinho, apenas um pouquinho, chegaria à conclusão de que forças tão "tenebrosas" não se ocupariam com ninguém menos que chefes de Estado ou líderes de influência global. Se cada um conseguisse se enxergar, muita coisa melhoraria. O que esperar, afinal, de quem não consegue nem sentar e meditar, de alguém que não consegue ficar sozinho consigo mesmo nem por dez minutos? O que esperar de pessoas que não olham nem para si mesmas e ainda acreditam estar lutando contra as trevas em nome da Luz?

Mas, vamos lá voltar à questão de um Diabo coletivo, ligado a uma sombra coletiva.

Muitos não percebem, não se dão conta que é uma construção coletiva de um Diabo que assola, assombra e amedronta, que pune, aponta e castiga ou mesmo que tenta, instiga e aconselha a mesma comunidade que o criou, que o "inventou" em seus corações e em suas mentes de forma inconsciente e perversa.

A construção teórica, coletiva e inconsciente de um Diabo na mente e nos corações das pessoas é algo cruel e desumano, por isso mesmo "ele" assume formas desumanizadas e animalizadas. Estas passam a ser características do tinhoso, peçonhento, rabudo, chifrudo, coxo, o cão, o renegado, o bode, o "desumano", etc.

Cada um vive com sua sombra, suas inquietações e repressões, que surgem do choque de valores internos (como estímulos e desejos) e valores externos (como valores da família, sociedade e religião, por exemplo).

Esse choque de valores internos e externos é natural e faz parte da vida de todos nós. Entender isso, conscientizar-se e superar são processos de autoconhecimento mais importantes e profundos que podem existir. Nem todos querem ou estão prontos para olhar a si mesmos, "nus" diante do espelho, por isso buscam subterfúgios como o "Diabo" para se encobrir dessa nudez com a qual não sabem lidar. A comparação com a nudez pode parecer infantil, mas infantil mesmo é a ideia perversa de pecado ligada ao corpo, ao mito de Adão e Eva, no qual comem o fruto de uma árvore chamada conhecimento e se descobrem nus tendo de esconder o sexo um do outro e diante de Deus. Esconder de Deus o que Ele mesmo criou? Possivelmente esconder seu corpo e, mais especificamente, esconder nosso sexo como vergonha de um pecado que não existe é a raiz de muitos problemas. Já está aí a invenção de uma cobra associada ao Diabo, na sua primeira aparição bíblica, como o tentador a oferecer o fruto proibido do pecado justamente para a mulher que, ao aceitá-lo, coloca o homem e toda a humanidade em desgraça. É muito pesado acreditar nisto: ao esconder nosso "pecado" passamos a esconder o que deveria ser natural e compreendido.

Agora é tarde para corrigir e dizer: "então vamos ficar todos nus", mas não é tarde para corrigir dentro de si, em sua mente. Não é tarde para olhar para o índio, em sua origem, e tantas outras comunidades nativas ao redor do mundo e perceber o quanto é natural estar nu e antinatural querer esconder seu corpo. Assim como seria estranho alguém agasalhado na praia em meio a um verão ensolarado. Nós somos esse alguém agasalhado na praia ao tentar esconder de nós mesmos a nudez de nosso ego e vaidade.

Voltando ao choque de valores internos e externos ao ser humano, de onde surge a nossa sombra sob a forma de vontades reprimidas ou ocultas (o que deveria ser tão natural quanto o livre-arbítrio)? Impossível acertar sempre, e muitas vezes "acertar" consigo mesmo significa "errar" com o outro e, até mesmo, com quem você ama de verdade, implicando uma reflexão muito refinada sobre ética, vontades e intenções.

Não há livre-arbítrio sem sombra; não há sombra sem livre-arbítrio. Descobrir como lidar com sombra, livre-arbítrio e apego pode ser o sentido, o norte e a razão de estarmos vivos. Digo "pode ser" porque dar sentido à vida também é uma escolha que você pode fazer ou não. E uma vez feita, a escolha pode ser o que quiser ou o que faça mais sentido. Independentemente desse jogo de palavras ou dessa volta conceitual, só nos libertamos do ego, da sombra e dos conflitos ao alcançar a "iluminação" ou a "santidade". Por isso, enquanto não somos santos nem iluminados, o melhor é aprender a lidar com tudo isso em vez de culpar um bode expiatório como o Diabo.

Transformar sombra, inquietações e vontades reprimidas em Diabo pode parecer, a curto prazo, a solução para dores, traumas e arrependimentos. Dizer que certas atrocidades acontecem por obra do Diabo, que não é sua culpa ou responsabilidade, afinal "foi o Diabo quem o manipulou" no erro ou no crime, pode aliviar a consciência e isentá-lo da responsabilidade, mas a longo prazo vai torturá-lo. Lá no fundo, bem no fundo do seu ser, sempre haverá uma culpa, até mesmo porque as motivações que causaram a desgraça e o erro (pecado?) não deixam de existir, estão apenas reprimidas pelo discurso puritano e dissociadas do eu. Agora, essas causas vão ser chamadas de "Diabo", mas como não foram compreendidas continuam lá no fundo, vivas e presentes, podendo ganhar força após exorcizadas e fazer com que esse mal volte com tudo.

Tentar crer que uma parte de você não é você, e sim outro ser que tem por objetivo destruí-lo é um problema muito sério, criado e alimentado por crenças religiosas limitantes, abstracionistas, separatistas e fanáticas. Para crer nisso é necessário fechar os olhos para a razão, deixar de olhar para si mesmo e abandonar o autoconhecimento. É uma autodemonização: o indivíduo demoniza a si mesmo, demoniza a sombra, o ego, os vícios, desejos, instintos e desequilíbrios. Demoniza-se justamente o que precisa ser entendido, obscurece-se o que mais precisa de luz. Cria-se uma dissociação do eu, dissociação do ser, em que a separação interna causa uma separação social de tudo e de todos que representam o que está sendo reprimido e demonizado. Essa ignorância religiosa é uma das razões de tanta gente se tornar fanática ou ateia, como duas pontas de uma mesma corda tensionada pelo discurso ignorante e fundamentalista.

A longo prazo, esse bode expiatório, o Diabo, ganha vida no imaginário coletivo e individual, de tal forma que tortura o ser e a coletividade a partir das mesmas sombras, desejos e estímulos não realizados ou não compreendidos que deram origem à construção fantasiosa desse capeta particular ou coletivo. É assim que as instituições, especialmente igrejas e religiões cristãs, criaram problemas como o pecado original para alimentar sentimentos de culpa, arrependimento e frustração, construindo trevas, Inferno e diabos. Uma vez instalado o problema, vendem a solução por meio do batismo, conversão e indulgência para tantos que buscam perdão, fuga e salvação.

Diga-se de passagem, como adendo: o conceito de "pecado original", por exemplo, não existe no Judaísmo (religião professada por Jesus, o Cristo), tendo sido criado por Santo Agostinho em torno de 500 d.C. Como poderiam as crianças nascer em pecado e ao mesmo tempo ser consideradas merecedoras do Reino dos Céus por Jesus? São contradições como estas que alimentam e nutrem teologias manipuladas, distorcidas e focadas em interesses políticos. Pior são as igrejas e religiões que vêm depois assumindo os mesmos valores, sem ao menos entender a origem de certos dogmas fundamentados em um plano de poder ou, simplesmente, seguindo a mesma regra com os mesmos interesses. Perdido fica o povo que engole dogmas vazios como verdades que mudaram e moldaram a nossa sociedade racista, preconceituosa, hipócrita, medrosa, ignorante e assustada tal qual a conhecemos, com relação a valores como esses que aqui vamos questionar.

No passado, dentro do Judaísmo, o adepto sabia que os erros eram dele mesmo, cometidos por ele, por conta de suas próprias vontades, desejos e instintos. Então, ele transferia esses erros (pecados) para um animal (bode) que seria sacrificado para expiá-los. Surge daí o conceito de bode expiatório.

Quando se declara que Jesus é o último cordeiro e que os cristãos estão livres do pecado, também se cria a ideia de que existe um Diabo tentando-os, e quando erram é por culpa e responsabilidade dele.

Neste Cristianismo do pecado ou nesta teologia diabólica, há uma dissociação do ser que passa a acreditar que suas vontades "negativas" (consideradas negativas por aquele grupo) não são suas e sim de um Diabo. A questão é: a pessoa foi batizada, convertida e exorcizada, logo depois tudo volta, pois faz parte dela, e o que era uma solução – colocar a culpa no Diabo – agora vira um problema, pois "ele" não foi nem vai embora, afinal o único Diabo que existe ali são suas próprias vontades reprimidas. Quanto mais reprimidas mais fortes se tornam no inconsciente, maior a sombra que se carrega e mais dissociada fica a personalidade de alguém lutando contra si mesmo, e acreditando que luta contra as trevas.

Quem é o Diabo?

"Cada um cria seu Diabo particular e dá a ele o nome que quiser, o melhor nome que poderia dar para o 'seu' Diabo particular é EGO."

Cramulhão, capiroto, dito-cujo, aquele você sabe quem, tinhoso, ardiloso, coxo, coisa-ruim, cão, renegado, desviado, caído, lazarento, chifrudo, rabudo, pé de bode, sete peles, renegado, etc.

O Diabo, da forma como é conhecido no imaginário popular, tem origem no Cristianismo antigo ou primitivo e, posteriormente, foi lapidado no Catolicismo medieval.

Criado, inventado e reinventado por teólogos, sacerdotes, religiosos, crentes, populares e satanistas, sua origem, história e percurso cultural religioso são fascinantes e desmistificadores.

Todos deveriam conhecer o mínimo sobre "ele" ou sobre "isso", a fim de não mais "comprar gato por lebre". No discurso da ignorância, o "dito-cujo" é "vendido" ao preço de sua paz, patrocinado pelo medo e rotulado com a ironia de quem desconhece a própria alma, na qual luz e trevas habitam ao mesmo tempo.

A religião católica, assim como todas as outras religiões, é o resultado de um sincretismo de valores culturais diversos em um contexto específico de lugar e época.

Para entender o Catolicismo e seus fundamentos, é necessário se aprofundar nesse contexto histórico de dominação, conquista e poder como resultado da parceria Igreja e Império Romano, a origem da Igreja Católica Apostólica Romana. A palavra *Igreja* quer dizer "Assembleia", grupo ou reunião de pessoas, e não a edificação ou o templo como imaginamos. *Católica* significa "Universal", *Apostólica* ressalta a hierarquia mantida ali e que se faz outorgada e sucessora dos apóstolos (discípulos) de Cristo, e *Romana* por se tratar da Igreja oficialmente constituída no Império Romano pelo Imperador Constantino, mais de 300 anos após a morte de Jesus.

Sobre a presença do Diabo na cultura judaica, cultura de Jesus, de seus discípulos e ancestrais, o que existe pode ser observado no Antigo Testamento. É um conceito "fraco" e vago como uma serpente no paraíso ou um suposto "opositor" da humanidade que é, na maioria das vezes, apenas, um "acusador" apontando os erros e as falhas dos seres humanos para Deus, como se vê por exemplo no Livro de Jó. Em algumas passagens bíblicas há confusão entre esse opositor (suposto Diabo) e um anjo do abismo, um anjo vingador ou um anjo da morte, como vamos ver. **Observação:** não existe anjo caído no Antigo Testamento. Anjos servem a Deus, fazem a vontade de Deus, não atuam por vontade própria e é por isso que não se deve confundi-los com o Diabo – a exceção é o anjo caído e sua corte no Cristianismo.

No Antigo Testamento, quero dizer, na Cultura Judaica, não há "necessidade" de Diabo para "castigar", "punir" ou "ensinar" as pessoas. Na maioria das vezes, quando o antigo Deus do Antigo Testamento (do Judaísmo) quer dar uma "lição" em alguém, Ele mesmo faz. Temos, por exemplo, o ocorrido no Egito por meio das pragas anunciadas por Moisés contra o faraó, em que Deus mata todos os primogênitos. Deus não vai pessoalmente; Ele envia um de seus anjos, como o Anjo Vingador (Azazel), que não é um caído.

O novo Deus, o do Novo Testamento (do Cristianismo), é tão bom, mas tão bom, que para castigar alguém e assumir "culpa" e "responsabilidade" pelo mal no mundo foi necessário criar um demônio particular (Lúcifer), como veremos adiante. O demônio é o bode expiatório da humanidade: ele foi idealizado, demonizado e exaltado ao cargo de vilão-mor da raça humana.

Origem de Deus Único e Diabo Único

A ideia de Deus único cria um problema na cultura semita; afinal se existe apenas um Deus, o que são os outros deuses? Para responder a essa pergunta surgem algumas hipóteses: são um engano, são mentira, são falsos deuses, deuses menores, deuses odiados ou a clássica resposta: são demônios. Só não se pode negar que os outros deuses existem, caso contrário o "meu Deus" não seria ciumento, possessivo nem "poderoso" em comparação aos outros deuses. E esse nem é o maior dos problemas do "Deus único": maior ainda é o fato de que os próprios ancestrais dos judeus cultuavam deuses diversos. Os descendentes de Abraão, Isaac e Jacó não tinham culto a um único Deus como se tenta crer posteriormente, isso sem falar das deusas (sim, deusas-mães) cultuadas, inclusive em torno do Templo de Salomão.

Além de demonizar os próprios deuses antigos de sua própria cultura ancestral, os adeptos do Deus único (judeus, cristãos e muçulmanos) também demonizaram todos os outros deuses de todas as outras culturas.

Ou seja, os deuses de outra cultura ou outra religião são o "Shaitan", "Satã" ou "Satanás", que significa algo "ruim", "o mal", "opositor", "o que separa", o diabolo (Diabo) e, desta forma, os Baal (deuses estrangeiros) foram perseguidos, exorcizados e considerados "demônios".

O fato é que não havia Deus único na cultura semita antiga, muito menos um Diabo único.

Ao inventar o conceito de Deus único (conceito que ganha força apenas após o exílio babilônico, com a organização da Bíblia Hebraica e a reconstrução do Templo de Jerusalém), cultuado exclusivamente no Templo de Jerusalém, sem nenhuma imagem, dá-se início à campanha de demonização das imagens domésticas, surgem os textos contra a "adoração de imagens", dos vários deuses tradicional e inocentemente cultuados no lar. A lógica é simples: quem reza em casa, reza para quem achar melhor, para quem quiser, não vai ao templo para rezar, logo não está sob o controle centralizador propagado pelo discurso e pela doutrina do poder estabelecido por governantes, sacerdotes e profetas do Templo de Jerusalém. Por essa razão simples, factual e histórica foi criado o discurso contra as imagens chamadas de "falsos ídolos", discurso esse que prevalece por milênios, perpetuado por sacerdotes, bispos, ministros e pastores, em sua maioria evangélicos de igrejas que não adotam nenhuma imagem para seu culto, todo ele voltado ao texto, ao livro, à Bíblia, que também não deixa de representar uma imagem forte.

Do Judaísmo ao Cristianismo, os alvos preferidos para a idealização e construção de uma suposta imagem demoníaca para o suposto "dito-cujo" foram os deuses estrangeiros com formas animais, como Molok, deus assírio com cabeça de touro, o grego Pã, com pés de cabra, os faunos com corpos animais ou o seu similar celta, Cernunnos. Não ficam de fora os diversos deuses e deusas em forma de serpente, como as gregas Eurínome e Píton, o grego Ladon, enrolado na macieira sagrada e guardião das maçãs de ouro, a daometana serpente Dã ou o Orixá Oxumaré. Sem contar ainda os diversos deuses e deusas dragões de muitas culturas, como a sumeriana e babilônica Tiamat, o babilônico Leviathan ou os diversos dragões chineses, tão louvados e cultuados naquela cultura milenar. Nenhum deles é o Diabo, Satã ou demônio; são apenas deuses de outras culturas.

Com retalhos animais desses deuses e deusas da natureza, foi criado o "chifrudo", o "rabudo", o "tinhoso", o "cão", o "pé de bode", o "venenoso" e "peçonhento". A "cobra", a "serpente" e o "dragão" foram considerados símbolos do mal, enfatizados em suas formas animais, tão sagradas e divinas em suas culturas de origem.

Embora os deuses animais ocupem a classe de alvo preferido, todas as deusas antigas também foram demonizadas com requinte de maldade por um patriarcado machista e temerário da força e do poder que se manifesta no sagrado feminino.

Nem mesmo a antiga Deusa Asherá, esposa do grande El, escapa à demonização. Ninguém pode concorrer com o Deus único, muito menos a sua esposa. Esse é o modelo de uma cultura patriarcal em que o homem deve dominar sobre a mulher, sendo ela nada mais que uma de suas costelas, tudo muito bem explicado na Bíblia, "fonte de todo o saber" para os leitores de um livro só. No Velho Testamento, encontramos críticas ao culto doméstico de Asherá ou Azirá, origem do nome Alzira em nossa cultura.

Tudo isso que estou falando é comprovado pela arqueologia bíblica disponível em diversos artigos científicos, documentários acadêmicos e registros famosos da National Geographic, inclusive vídeos com resultados *in loco* das milionárias pesquisas arqueológicas realizadas nas regiões bíblicas do Oriente Médio. Uma leitura mais atenta e crítica da própria Bíblia e suas traduções também revela boa parte do que está exposto anteriormente, o que também vamos citar de forma adequada mais à frente.

Não bastou demonizar a esposa de Deus, foi criada também uma primeira esposa para Adão, anterior a Eva, com a imagem de outra deusa antiga das culturas semita e sumeriana, Lilith, que também foi demonizada por não aceitar ser submissa a Adão – "Lilith queria ficar por cima de Adão". Dessa forma,

Lilith passou a ser tratada como a Rainha do Inferno, Senhora da Escuridão, esposa do Diabo. Embora essa lenda não esteja na Bíblia, consta nos textos da cultura judaica e foi importada para a mística cristã.

Junto de Lilith, apenas para citar as deusas mais próximas, estão as sumerianas e babilônicas Ishtar e Astarte. Astarte foi "transformada" no demônio "Astoré", um dos grandes da demonologia goética.

Desse modo, foram "criados" e idealizados os demônios, em sua maioria deuses ou deusas antigos. Deusas e deuses que não foram demonizados se transformaram em santos, como, por exemplo, Santa Brígida no lugar de Brigid, Santa Úrsula para a deusa Ursa, Nossa Senhora das Vitórias para a deusa Vitória, Nossa Senhora das Graças para as graças gregas, Nossa Senhora das Virtudes para as virtudes gregas, São Martinho para Marte, etc.

O Cristianismo surge em uma época de encontros e desencontros culturais e é nesse contexto que importam não apenas as imagens de deuses demonizados, mas também os conceitos distorcidos de outras culturas, como por exemplo:

Da cultura grega, os conceitos de **Diabo** (*diabolo*), aquilo que separa, e **demônio** (*daimon*), em sua origem um espírito ou gênio familiar.

Da cultura persa vem o conceito maniqueísta, no qual existem dois Deuses governando o mundo, um Deus Bom (Ormuz) e um Deus Mal (Arimã). Principal modelo para a construção do arquétipo de Deus único contra o Diabo único, dando força à dualidade maniqueísta de Deus e o Diabo como a eterna luta do Bem contra o Mal.

Nota: sendo os persas que libertaram os israelitas do exílio babilônico, a cultura persa é tão presente como a grega ou a romana naquela época de construção do Judaísmo e, posteriormente, do Cristianismo.

Lúcifer, o Diabo Particular Cristão

Colcha de retalhos construída a partir de mitos e lendas desencontradas e importadas de outras culturas, Lúcifer, na qualidade de Anjo Caído ou Diabo-Mor, não existe na Bíblia. Ele é uma construção da Igreja Católica, com a intenção de estabelecer como contrário a tudo o que é de Deus um Diabo muito forte, poderoso e que reina absoluto no Inferno, de onde destila seu ódio à humanidade. O conceito do soberano do mal se opondo ao soberano do bem é uma cópia do maniqueísmo persa.

Essa construção é tardia, mas tão tardia que, no Cristianismo primitivo e início da Igreja Católica, o nome "Lúcifer" estava associado a algo bom, como "o portador da luz", "o que brilha mais", e até à "estrela da manhã", seu significado literal, apenas para enfatizar que o nome ou a palavra "lúcifer" em si nunca foi de essência ruim, como acabou se tornando com o passar dos tempos. Podemos citar até um bispo de nome Lúcifer canonizado santo: trata-se de **São Lúcifer de Cagliari**, que viveu no século IV, morreu em 370 d.C., foi bispo de Cagliari, na Sardenha, e possui festa no calendário católico, no dia 20 de maio. Uma capela na Catedral de Cagliari é dedicada a São Lúcifer.

O que isso quer dizer é que "lúcifer" não era utilizado como nome, mas como um termo que designa aquele ou aquilo que é "o mais brilhante". Em Roma, na Vigília Pascal, toda a Igreja saúda Jesus como o "astro da manhã" por meio do canto *Exsultet*, que diz:

"Flammas eius lucifer matutinus inveniat/ Ille, inquam, lucifer, qui nescit occasum/ Christus Filius tuus..."

Por causa desse canto na vigília, alguns evangélicos acusam Roma de fazer culto a Lúcifer. Porém, esse canto antigo vem de um tempo em que o próprio Jesus Cristo era venerado como "a estrela da manhã" e, assim, ele mesmo é identificado como "lúcifer".

Em *Apocalipse* 22:16, provavelmente na última página de sua Bíblia, está escrito:

"Eu, Jesus... Eu sou... a brilhante estrela da manhã".

Em qualquer tradução latina da Bíblia é possivel ler:

"Eu, Jesus... Eu sou... lúcifer".

Não diz que Lúcifer é o nome de Jesus, apenas que ele é a luz do mundo, a estrela da manhã.

Como Lúcifer se torna nome próprio de um Diabo, ou melhor, do arquidemônio, rei deste mundo, príncipe das trevas?

A razão se encontra no *Livro de Enoc* e no *Livro dos Jubileus*, que são apócrifos do Antigo Testamento, o que quer dizer que foram escritos por rabinos na mesma época dos outros textos da Bíblia Hebraica. No entanto, não foram oficialmente aceitos como parte dessa Bíblia por possuir passagens muito fortes e questionáveis sobre as "cortes", "legiões" e "hierarquias" de anjos – anjos "caídos". Nesses dois livros, reconta-se uma antiga história ou lenda mais antiga ainda, por ter origem em textos babilônicos e sumerianos, de que Deus possuía um anjo que era o mais brilhante e mais bonito. Esse anjo caiu dos "Céus" – ou de onde ficam os anjos – por rebeldia e levou junto de si muitos outros anjos que se rebelaram. Por analogia, esse anjo é chamado ou conhecido apenas por sua qualidade, seu adjetivo, "o brilhante", aquele anjo "brilhante", o anjo caído e brilhante, "brilhante" como a "estrela da manhã". Em latim se diz "lúcifer", e com o tempo essa lenda apócrifa judaica do anjo Lúcifer o transformou no grande arqui-inimigo de Deus e da humanidade. De termo qualificativo "brilhante" ou "portador da luz", "lúcifer" se tornou "O Lúcifer".

Lúcifer satisfaz uma teologia do medo e do pecado, reina no inferno e assombra todos os seres tementes a Deus que já nasceram pecadores por causa do pecado original. E dessa forma é ele, Lúcifer, quem está por trás da presença de todos os outros demônios. Todos são ele, onipotente, onisciente e onipresente no mal. Estes conceitos são elaborados por mentes ardilosas e complexas, dedicadas à filosofia e à teologia cristãs. O povo não entende nem conhece a origem dos conceitos, muito menos as construções teológicas da demonologia judaico-cristã. O povo tem medo é do desconhecido, medo do obscuro, medo do mal, medo de errar, medo do que o imaginário popular cria como imagem do mal. **A Igreja cria o problema Lúcifer para, literalmente, vender a solução por meio de batismo, conversão e venda de indulgências que**, junto da campanha das Cruzadas, ajudou a construir Roma com muito ouro ao custo da paz de todos esses atormentados pelo pecado, inferno/diabo.

Lúcifer coube como uma luva no Catolicismo primitivo, porque houve um encontro de culturas judaica, babilônica, persa, grega, romana e latina, de tal maneira que Deus foi se tornando cada vez mais e mais "Bom", só fazendo "bondade". Então, tudo o que não fosse bom devia ser relegado a um "bode expiatório", que é ou são os "bodes", os "diabos de plantão". E se houve toda uma construção de Deus único como projeto de desacreditar os outros "deuses", então para contrapor a esse Deus único nada mais "justo e perfeito" que ter um Diabo único, dessa forma todos os outros diabos são ele mesmo, o Lúcifer, ou estão a serviço dele, assim como os anjos estão a serviço de Deus. Fica fácil entender, assim, todo o conceito de diabão-mor como anjo caído e sua corte de outros anjos menores caídos também. O que é de uma criatividade incrível e incrivelmente perversa. **No entanto, o mais impressionante é que milhões de pessoas ao longo de séculos acreditam na mesma lenda como se fosse fato histórico e revivem, geração após geração, os mesmos medos e traumas com relação ao Diabo, inferno e pecado.**

Diabo no Imaginário Popular

Ao atingir o imaginário popular, chegamos ao encontro amplo e irrestrito do sincretismo que vai além do sincretismo original entre as culturas judaica, grega, romana e persa na origem do Cristianismo.

No imaginário popular e no inconsciente coletivo, o Diabo ganha vida própria, transita entre culturas e vai ao encontro delas, promovendo um sincretismo diabólico no qual tudo está junto e misturado, tudo se encontra e se desencontra, se acha e se perde até que não se sabe mais quem era quem antes de tudo isso se misturar. Deuses e diabos trocam seus papéis em altares e encruzilhadas, inverte-se a ordem de culto e valores. Ironia, devoção e preconceito vão ressurgir constantemente a cada encontro diverso de povos, línguas, etnias e deuses diferentes entre si.

Pactos com o Diabo

Fausto, de Goethe

Talvez Goethe é quem tenha reforçado o imaginário popular acerca de pactos com o demônio por meio de seu livro *Fausto* (1808), que se tornou um *best-seller* mundial e no qual descreve em uma cena inicial algo parecido com a cena de Jó. O Diabo Mefistófeles está no céu e aposta com Deus que pode conquistar a alma de Fausto, um bom homem querido a Deus e dedicado a conhecer todas as coisas pela ciência e ir além do que é possível pela magia. Mefistófeles aparece a Fausto e lhe oferece tudo o que ele sempre quis, caso venda sua alma em troca, selando o acordo por um pacto. Além de remontar a Jó, a ideia de conquistar tudo o que quiser por meio de um acordo com o Diabo também remonta à passagem de Jesus no deserto, em que ele é tentado pelo Diabo, e uma de suas ofertas é ter o mundo a seus pés, caso se curve diante dele.

A obra de Goethe foi inspirada na vida de Johann Georg Faust (1480-1540), considerado mago, alquimista, médico, filósofo e astrólogo. De vida itinerante, era considerado charlatão, perseguido e teve uma morte trágica e violenta. O próprio Martinho Lutero o considerava instrumento do demônio e logo se criou a lenda de que ele tinha um pacto com o capeta Mefistófeles, que veio para cobrá-lo e levar sua alma para o inferno. Já em 1587, um autor anônimo narra a história de Fausto e seu pacto com Mefistófeles, história contada e recontada por muitos autores até a obra-prima de Goethe.

São lendas e histórias que se misturam em torno do mal, e se você não as conhece, não as interpreta, se não coloca cada uma em seu contexto, acaba acreditando em uma conspiração conduzida por um ser maligno e soberano no mal, que se opõe à humanidade, ou pior, que se opõe a Deus.

Robert Johnson – Pai do Blues

Neste imaginário popular surgem lendas urbanas como a do músico Robert Johnson (1911-1938), que é um dos criadores do blues, o pai do rock and roll, ídolo e influência reconhecida para grandes nomes de todos os tempos, como Eric Clapton, Rolling Stones, Led Zeppelin e Muddy Waters.

A lenda diz que Robert Johnson foi até uma encruzilhada e fez um pacto com o Diabo para se tornar o maior *blues man* de todos os tempos. Ali na encruzilhada, o Diabo aparece e estabelece as condições do pacto, em que Robert Johnson vende sua alma em troca do dom. O Diabo afina seu instrumento, sela o pacto e dá um prazo para vir cobrar a posse de sua alma. Esta é a lenda, e Robert Johnson canta sobre isso em suas músicas, especialmente em duas: na "Cross Road Blues", conta que foi até a encruzilhada onde caiu de joelhos e aprendeu o blues, e na "Me and the Devil Blues" ele canta que anda lado a lado com o Diabo. A lenda ganha mais força quando Robert Johnson morre ainda muito novo, aos 27 anos (1911-1938), envenenado pelo dono de um bar, com ciúmes de um possível caso entre Johnson e sua esposa. Quem ouve Johnson tocando, tem a impressão de que são dois violões, em que ele mesmo faz base e solo simultaneamente: seria ele e o Diabo tocando em parceria.

A ironia nessa história e em outras mais é que vender sua alma ao Diabo por meio de um pacto faz parte da cultura cristã. Robert Johnson era negro de uma cultura negra, cantava em prostíbulos e bares de estrada, estava longe de ser um cristão renegado e, para completar, na cultura afrodescendente quem

---

*N.E.: Todas as obras publicadas pela Madras Editora.

reina na encruzilhada é o Orixá Exu, da cultura Nagô-Yoruba, ou o seu correspondente Vodun Elegbara, da cultura Jeje-Fon.

Levando em consideração que Robert Johnson é negro, recebe influência das culturas afro-americanas nas quais Exu e Legba foram demonizados, misturam-se conceitos e valores. Por isso vemos "pactos" do Diabo católico sendo feitos com uma divindade Nagô, um Orixá Exu ou divindade Jeje, um Vodun Legba ou Elegbara. E Robert não é caso isolado. Há quem faça pactos com Exu na Quimbanda e até quem tente isso na Umbanda com entidades de Lei.

No filme *Crossroads*, de 1986, escrito por John Fusco e dirigido por Walter Hill, é mostrada lindamente uma versão de como Robert Johnson fez o pacto ali na encruzilhada, e quem aparece para ele é "Legba" (Exu), como um negro muito bem vestido de *black tie*. O Orixá Exu jamais estaria vestido assim, mas uma entidade Exu Guardião de Umbanda, como seu Exu Capa Preta, estaria com certeza. No entanto, ali para o pacto o que temos é a encarnação do mal, o demônio, aquele que virá cobrar mais tarde a alma do pecador, e isso não é nem Orixá Exu, muito menos um Guardião Exu, é apenas um imaginário sincrético do diabo.

Na série *Supernatural*, na Netflix, no episódio oito da segunda temporada, reconta-se como Robert Johnson encontrou o mal na encruzilhada e ali o demônio aparece no corpo de uma bela mulher, que fecha o pacto com um beijo em Robert Johnson.

Será que Robert Johnson fez mesmo um pacto com o Diabo ou apenas cultuava Legba na encruzilhada, e no final fazia uma grande ironia com o medo do pecado e do Diabo ao cantar dentro de um prostíbulo? Ninguém nunca saberá. Afinal, pode haver muita ironia ao saber que aquele que o protege é considerado um demônio, e que estes mesmos que apontam o dedo para ele, em seu falso moralismo, estão ali ouvindo sua música e gastando seu dinheiro no mesmo lugar onde os "condenados ao inferno" tentam ganhar o seu para pagar suas contas.

Assim, Deus e Diabo dançam ao ritmo do blues na vida real e distantes dos fundamentos teológicos e maniqueístas criados para perverter, converter e dominar por meio do medo, do pecado e do Diabo, tão incompreendido por leigos e religiosos.

Riobaldo – *Grande Sertão: Veredas*

Ainda no campo do imaginário popular, pactos demoníacos e diabos de plantão, vale muito a pena dar uma olhada em nossa cultura, o que para muitos é quase um folclore. Em meio à riquíssima literatura nacional, salta aos olhos a belíssima obra, *Grande Sertão: Veredas* (1956)[1], de Guimarães Rosa, em que o autor consegue de forma única mostrar a realidade do sertão nordestino com suas milícias, coronéis e cangaceiros envoltos em suas crenças e crendices. Entre religião e superstição, Deus e Diabo transitam por pactos, rezas e lendas nesse cangaço em que, segundo o personagem Riobaldo, "viver é muito perigoso".

Riobaldo é um herói do sertão, um cangaceiro sobrevivente e experiente contando sua fascinante história de aventuras e desventuras, em que o Diabo tem destaque e lugar garantido.

Por meio de pactos se faz a valentia daqueles que matam e enfrentam a morte sem medo, e se algo ruim acontece sem explicação então está certo como obra do Diabo. O próprio Riobaldo busca um pacto com o tinhoso a fim de vencer seu inimigo Hermógenes, que também tem pacto com o renegado, é um pactário.

Ele vai até o lugar conhecido como Veredas-Mortas a fim de conseguir o poder necessário para vencer o valentão Hermógenes, para vingar a morte de Joca Ramiro e agradar seu ou sua colega Diadorim, por quem nutre uma paixão não revelada.

No pacto, o dito-cujo não aparece e ainda assim Riobaldo não é mais o mesmo. Logo, ele fica em dúvida se o pacto realmente aconteceu. O fato é que, se aconteceu, isso se confirma porque agora Riobaldo é um valentão também, e se o pacto não ocorreu, então Riobaldo é corajoso simplesmente porque não existe mais algo como o inferno ou o demônio para assustar ou assombrar. Afinal, se ele existir será parceiro de Riobaldo, não mais um inimigo.

---

1. ROSA, 2015.

A Pergunta que não Quer Calar!

Quando conheci o amigo, Irmão e Mestre Wagner Veneziani, o editor da Madras Editora, uma de nossas primeiras e intermináveis conversas foi sobre Deus e o Diabo, e me lembro da pergunta que ele trazia como um questionamento quase existencial:

– Se Deus é o Criador de tudo e de todos, onisciente, onipresente e onipotente, quem é o Diabo? Quem o criou? Com qual propósito?

Nossas conversas intermináveis realmente não têm fim e, para mim, considero o melhor de tudo a oportunidade de mudar de ideia e perceber hoje o que não era possível ontem. Wagner Veneziani estudou e conhece profundamente o ocultismo, magia e esoterismo das mais diversas tradições. Também é quem nos convidou, eu e Rubens Saraceni, a ingressar na Ordem Maçônica. Alguns de seus textos sobre "Lilith" e o "poder dos chifres"[2] são verdadeiros tratados, suas ideias sobre Deus e o Diabo também me incentivaram e incentivam muito ao estudo do tema.

Um livro sobre Exu é também um pedido desse querido Irmão a mim. Conhecer mais de perto o Diabo talvez seja algo que não se esperava na obra de um umbandista, no entanto, aprendo na Umbanda e também com esse amigo que

---

2 Veja anexo o texto *O Poder dos Chifres*.

não existem limites para o nosso conhecimento, para buscar os reais fundamentos daquilo que todos já dão por certo sem ao menos pensar de onde vêm tais conceitos, crenças e dogmas. Wagner Veneziani, meu querido Irmão, amigo e Mestre: receba sempre meu carinho e gratidão por ter aberto as portas da Madras e me incentivado a escrever e publicar livros com nossos saberes e conhecimento.

Ainda sobre "Quem é o Diabo?", creio que a obra de Rubens Saraceni responde a essa pergunta, mas não por meio de seus livros doutrinários e sim por intermédio de alguns de seus romances lidos na ordem correta: *O Guardião da Meia-Noite, O Cavaleiro da Estrela Guia, Os Guardiões dos Sete Portais, O Guardião das Sete Encruzilhadas* e fechando com *O Cavaleiro do Arco-Íris.*

Teologia do Medo

Certa vez ouvi da própria boca do saudoso sacerdote Toy Vodunnon Francelino de Shapanan a seguinte história. Em frente ao seu templo afro-brasileiro de Tambor de Mina, em Diadema, São Paulo, havia uma igreja e o pastor certa feita veio convidá-lo para assistir ao seu culto. Pai Francelino, muito educado, aceitou com uma condição: a de que o pastor também assistisse a um de seus rituais. O pastor, se benzendo com o sinal da cruz, disse que jamais entraria ali, que considerava "aquele lugar" (o templo de Pai Francelino) a "casa do Diabo". Pai Francelino, ainda muito tranquilo, explicou que não conhecia nenhum Diabo e que tal ser ou entidade não fazia parte da cultura afro-brasileira. E mais, afirmou ao pastor que tinha grande curiosidade em entender quem era esse Diabo, pois era possível ouvir o pastor expulsando-o da sua igreja todos os dias, e todos os dias ele estranhamente voltava para ser expulso outra vez. Quem afinal era esse Diabo, tão teimoso, tão insistente, tão presente ali naquela igreja?

São questões como essa que nos fazem pensar quem é o Diabo em um conceito mais popular, quem é o Diabo em um conceito mais teológico e quem não é o Diabo a partir de um confronto de concepções entre uma e outra religião. Afinal, o Diabo pode ter uma origem, mas não tem um dono, ele pertence a todos, pertence às diversas culturas e religiões. **O "ditocujo", o "tinhoso", o "cramulhão" passeiam entre o saber e**

a ignorância de leigos, teólogos, filósofos, poetas e sacerdotes. Enfim, onde é que se encontram ou desencontram Exu e o Diabo?

Já ouvimos muitas vezes a frase: "Exu não é o Diabo", assim como já ouvimos muitas vezes esta outra: "Exu é o Diabo". O que é certo ou errado, afinal? O único fato é que é impossível ter certezas ou convicções sem antes saber o que é o Diabo e também quem é Exu.

O que temos aqui é um convite para pensar Exu, pensar o Diabo, questionar tudo que for possível e cada um tirar ou tomar as suas próprias conclusões, com sua cabeça e não com a cabeça alheia.

O Diabo, tal qual se conhece no mundo cristão, é uma criação católica que foi exportada para as outras religiões cristãs e, finalmente, se estabeleceu no inconsciente coletivo do mundo ocidental cristão.

Para os judeus nunca houve um Diabo tal qual idealizado por católicos na Idade Média, quando o "dito-cujo" ganha poder, ascendência, influência e importância dentro de uma Igreja política, castradora e dominadora.

O Diabo foi uma de suas ferramentas e construções mais ardilosas no empenho de controlar fiéis, como cordeiros amedrontados diante do pecado e inferno. A Igreja cria o problema por meio do pecado (tudo que é bom ou dá prazer é pecado), cria a pressão de conflito por intermédio do castigo ao inferno, onde o Diabo reina absoluto e eternamente, e cria a solução por meio do batismo, confissão e venda de indulgências, o perdão teológico, religioso e "divino". Não necessariamente nessa ordem.

Com essa formação de uma teologia do medo e a venda de indulgências, foi possível para Roma construir boa parte de seu patrimônio em ouro puro de 18 quilates.

Assim também foi possível acender as fogueiras da Santa Inquisição e realizar as Cruzadas com promessas pertinentes à conquista do Santo Sepulcro, tudo com o direito sagrado à morte dos infiéis e, claro, o saqueio de todos que não eram tementes ao Deus cristão. De lá para cá muita água rolou, o tempo que tudo mostra já revelou algumas peças deste quebra-cabeças da humanidade. Apesar de tudo, o medo de pecar, do inferno e do Diabo ainda persistem no inconsciente coletivo; isso quer dizer que esse medo habita corações e mentes de pessoas, independentemente de suas religiões ou rótulos religiosos. Há crenças que passam de geração a geração de forma inconsciente, assim como o sangue e o DNA de cada um.

No passado foram demonizados os deuses e as divindades alheias ao Catolicismo, e hoje, com a mesma "boa e velha" teologia do medo, se demonizam os Orixás e Entidades alheias.

Mas vamos voltar à raiz: de onde vem o Diabo católico? No Velho Testamento (Judaísmo), embora existam aparições muito isoladas e pontuais de um "acusador", um "opositor" ou mesmo da "serpente" em *Gênesis*, por exemplo, ainda assim é Deus quem castiga e quem se ocupa da Justiça e dos erros da humanidade.

Foi assim com a expulsão de Adão e Eva do Paraíso, foi assim no dilúvio de Noé, foi assim no Êxodo contra os egípcios e nas demais passagens bíblicas anteriores a Cristo. Deus é possessivo e simultaneamente é possuído por "seu povo", Ele não está para todos e ao mesmo tempo é inimigo dos inimigos de seu povo. No entanto, para o Cristianismo e no Novo Testamento tudo muda de figura; Deus está para todos e Deus é tão bom, mas tão bom que, para castigar, punir e fazer "justiça" aos maus e aos pecadores faz com que exista um Diabo como executor do mal, no qual o "Deus Bom" não suja as suas mãos. Esse ser teologicamente construído pelo Catolicismo ganhará um nome que não existe na Bíblia: Lúcifer. Ele será considerado um anjo caído e assumirá para si a identidade e a responsabilidade de todos os outros demônios, diabos, satãs, capetas e anjos caídos. Assim como vai ser identificado com os deuses e divindades de outras culturas chamadas pagãs (do campo). A Igreja Católica e outras cristãs se servem e são servidas por esse ser que resolve o problema com seus inimigos de dentro e de fora.

Deus e o Diabo na Bíblia

"O Diabo não existe, mas o homem o criou à sua imagem e semelhança."
Dostoiévski, Os Irmãos Karamazov

Ao contrário do que todos pensam ou acreditam, se na Bíblia nem Deus é único, por que o Diabo seria? O conceito de Deus único, do ponto de vista bíblico, está muito mais para um dogma judaico-cristão do que para um fato histórico ou teológico.

A Bíblia é um grande conjunto de livros escritos por muitas pessoas diferentes para muitas outras pessoas distintas entre si, em épocas diversas e com objetivos variados.

A Bíblia é uma colcha de retalhos e boa parte deles nem combinam tão bem, muitos destoam e não se encaixam, mas assim mesmo foram agrupados, adequados e ajustados para ornar e destoar o mínimo uns dos outros, o que é facilmente observado por um olhar mais atento.

Os textos mais antigos, como *Gênesis*, remontam mitos e lendas de povos e culturas de cerca de 2 mil anos antes de Cristo, como é o caso de Adão e Eva e do dilúvio de Noé. Abraão, se ele existiu de fato, era sumeriano, vindo de Ur. Para ele e para seus descendentes diretos, como Isaac, Jacó e seus 12 filhos, sua visão de mundo e seu conceito de divindade eram muito diferentes dos de Moisés. Da mesma forma o conceito de divindade e visão de mundo de Moisés serão muito diferentes dos de Davi ou Salomão. Apenas 400 anos depois de Salomão é que os israelitas presos na Babilônia vão começar a criar a identidade judaica em torno de um conceito forte de Deus único, construído e fundamentado pelos textos do Velho Testamento, que começam a ser organizados como uma Bíblia Hebraica, especialmente a *Torá*, formada pelo Pentateuco – os cinco primeiros livros da Bíblia, a saber: *Gênesis*, *Êxodo*, *Levítico*, *Números* e *Deuteronômio*.

Abraão escolhe ou é escolhido por um deus tribal entre muitos outros deuses tribais, o que era normal em sua época e cultura. Estamos falando de "El", considerado o Pai de muitos outros deuses em diversas outras culturas e tribos semitas. O plural de El é Elohim, que pode ser traduzido como "deuses" e aparece diversas vezes em *Gênesis*. O singular é Eloah, que aparece poucas vezes, mas se tornou nome feminino em nossa cultura. El é o nome de Deus ou o Deus mais cultuado para esses ancestrais, e isso pode ser considerado um fato quando observamos alguns nomes como Israel, que quer dizer "aquele que brigou com Deus", nome pelo qual Jacó se torna conhecido depois de brigar com Deus e vencer. Betel, nome da cidade onde Israel vê Deus e seus anjos, quer dizer a "casa de Deus". Os nomes de anjos costumam terminar com El para afirmar que são potências divinas, assim: Rafael é a cura de Deus, Miguel ou Mikael é aquele que é semelhante a Deus, Gabriel é a luz ou o esplendor de Deus, apenas para citar os três Anjos Bíblicos, pois na cultura judaica há centenas de outros anjos com a terminologia El.

Em *Êxodo,* Deus aparece a Moisés na sarça ardente com outro nome – em hebraico são quatro letras, YHWH (yod, hey, vav, hey) – e diz "Eu sou o que sou". Esse nome se torna impronunciável na cultura judaica, mas será traduzido por cristãos como Yavé, Javé ou Jeová. Deus explica a Moisés: "Eu sou o mesmo Deus de Abraão, Isaac e Jacó, mas a eles me apresentei como El Shaday". Nessa frase bíblica está a chave de interpretação da troca de Deuses ou da troca de seus nomes para reforçar uma identidade judaica em torno de um Deus único com um nome uno e impronunciável. Alguns outros nomes para Deus aparecem na Bíblia antes de Moisés, como El Elyon, El Gibor, El Sabaoth, cada nome com um significado diferente que corresponde a um deus distinto cultuado nas tribos semitas. Isso basta para entender que o conceito de Deus único não é tão forte quanto o dogma de Deus único, e que há uma construção histórica totalmente desconhecida para a grande maioria dos cristãos. Para completar, Jesus chama Deus de Abba, que quer dizer *Pai* ou *Paizinho* em aramaico, e quando está na cruz o chama de Eli, que quer dizer meu (i) Deus (El) ou meu El.

Se em um olhar rápido e superficial como esse anterior é possível constatar diversos nomes de Deus e entender que são conceitos de Deus em épocas e culturas diversas, o que podemos dizer sobre o Diabo?

Muitos Deuses e Muitos Diabos

Assim como Deus possui diversos nomes nos textos originais da Bíblia, o Diabo também possui muitos nomes. Assim como os diversos nomes de Deus se referem a deuses diferentes de culturas, tribos e etnias variadas, os tantos nomes do Diabo também se referem a seres, entidades ou conceitos diversos de origens distintas.

Na grande maioria das traduções bíblicas para o português, todos os diferentes nomes de Deus foram "traduzidos" como *Deus* para reforçar o conceito de Deus único, e o mesmo se deu com os diferentes nomes do Diabo para reforçar a ideia de que existe um ser único, demoníaco, diabólico, inimigo eterno do Deus único e da sua querida humanidade.

Todos esses conceitos são frágeis e falhos, bastando uma pequena busca para confirmar o que estamos falando aqui.

Mas se é tão fácil verificar essas "falhas teológicas", se é tão fácil contestar a fragilidade do conceito de Deus único para Abraão, Isaac, Jacó, Moisés e Jesus, e também como é fácil contestar a ideia de um ser único e infernal, como é que esses conceitos perduraram tanto tempo com tão pouca contestação ou questionamento por parte de seus fiéis? Como é que milhões e milhões de cristãos das mais diversas religiões cristãs não questionaram ou não chegaram a essas mesmas conclusões?

Temos duas respostas para essa pergunta que não quer calar. **A primeira** é que para muitos a fé é cega e não questiona nada. Aqui a figura do pastor, ministro ou sacerdote é de autoridade inquestionável e considerado o único que pode interpretar a Bíblia. Para esses, questionar ou duvidar significa derrubar seus imensos castelos de areia, então se irritam diante dos menores questionamentos, considerando blasfemos todos que "duvidam da fé", quero dizer dos conceitos e interpretações tão frágeis. Se pudessem, nos jogariam às fogueiras de uma nova inquisição. **A segunda** resposta, bem mais interessante, é que antigamente não existia internet, quando muito se faziam pesquisas em enciclopédias autorizadas pela "censura" do Estado em parceria com a Igreja Católica, especialmente no que diz respeito a conceitos teológicos. Ou não é verdade que filmes como *A Última Tentação de Cristo* e outros foram censurados e proibidos? Além de não haver acesso à informação, a pouca que havia passava por uma censura rigorosa.

E agora, que estamos na era da informação, na qual descobertas arqueológicas bíblicas, por exemplo, são compartilhadas no mundo inteiro quase em tempo real? Quando qualquer criança ou adolescente acessa ferramentas de pesquisa, como o Google, e tem acesso a uma quantidade de informações milhares de vezes superior ao que somos capazes de absorver? E agora que não é mais possível esconder ou manipular as informações ao bel-prazer?

Sim, durante muito tempo a informação e o conhecimento foram manipulados como forma de poder pelo Estado e pela Igreja, e isso é mostrado de forma linda no livro *O Nome da Rosa*, de Umberto Eco, de 1980, transformado em 1986 em filme por Jean-Jacques Annaud, que ao lado de outro filme incrível, *Stigmata*, de Rupert Wainwright, de 1999, mostram padres que descobriram textos proibidos ou apócrifos da Bíblia. Nos filmes, os padres são perseguidos e mortos pela "Igreja", ou melhor, por outros sacerdotes que temem pelo que o conhecimento pode fazer por aqueles que vivem da fé cega.

Falar de textos apócrifos é algo fascinante, mas como devemos estabelecer nossos estudos por partes e focar em um tema, vamos voltar à boa e conhecida Bíblia Católica, Cristã e à Bíblia Hebraica. Estudar essa Bíblia já tão conhecida pode parecer algo desanimador ou enfadonho, no entanto, esse estudo se torna um outro estudo, quase dá um outro livro, pois é muito fascinante e complexo quando estudamos suas origens, traduções, interpretações e distorções. Essa é a única forma de ir a fundo e entender um pouco que seja do que vêm a ser Deus e o Diabo na Bíblia.

Sobre Deus, já vimos alguma coisa que serve de ponto de partida a um pesquisador ou estudioso que queira ir mais a fundo. Sobre o Diabo, vejamos algumas passagens bíblicas e o que podemos entender ou interpretar a partir delas.

O Diabo na Bíblia – e Além Dela

Na Bíblia, assim como existem muitos nomes para Deus e muitos outros deuses, o mesmo se dá com o Diabo e os diabos. Os diversos livros que formam a Bíblia fazem parte de contextos culturais e épocas diferentes, assim não há nenhuma concordância conceitual de quem ou o que é o Diabo ou os diabos. O mais importante é que nada se cria do nada, e que a grande maioria dos conceitos e textos sagrados de uma cultura tem origem em adaptações dos textos e conceitos das culturas anteriores. Isso quer dizer que você nunca vai entender a fundo uma cultura se não investigar sua raiz e, assim, buscar entender as culturas anteriores que a originaram. Entretanto, a cultura e as religiões cristãs foram as que mais manipularam e distorceram todos os conceitos e nomes diabólicos para que se adequassem ao seu interesse de dominação política e teológica. Por consequência, tentaram a todo custo reinterpretar o Antigo Testamento segundo o Novo Testamento, fazendo releitura da antiga religião judaica segundo a novíssima religião cristã e, mais especificamente, a religião católica, grande responsável pelas diversas traduções e distorções (adaptações).

Devemos partir do princípio de que a Bíblia foi escrita pela cultura hebraica (Judaísmo). Portanto, para entender alguns conceitos do Judaísmo devemos ir mais longe e buscar as suas raízes. Da mesma forma, para estudar o Cristianismo católico romano, vamos precisar entender não apenas a fonte judaica e suas raízes, mas também as fontes persa, grega e romana no mínimo, como universo em que o Cristianismo teve sua gestação e do qual foi gerado algo totalmente sincrético de valores acadianos, sumerianos, babilônicos e egípcios. Isso, meus irmãos, é Cristianismo católico, o berço de todos os outros cristianismos posteriores, todos apoiados nas Bíblias judaico-cristãs de então.

Isso quer dizer que nada muda, estamos sempre distorcendo e manipulando as verdades do outro para caber dentro da nossa pequena e mesquinha verdade. Basta dizer que na língua hebraica não existe a palavra "Diabo" e muito menos a palavra "demônio", logo tudo sempre se encaixa em interpretação e tradução.

Gênesis, o primeiro livro da *Torá*, Pentateuco, Antigo Testamento, Bíblia Hebraica, inicia assim:

"1 No princípio criou Deus os céus e a terra.

2 E a terra era sem forma e vazia; e havia trevas sobre a face do abismo; e o Espírito de Deus se movia sobre a face das águas.

3 E disse Deus: Haja luz; e houve luz.

4 E viu Deus que era boa a luz; e fez Deus separação entre a luz e as trevas.

5 E Deus chamou à luz Dia; e às trevas chamou Noite".

Conceitualmente podemos dizer que, segundo a Bíblia, as trevas antecedem a luz, a noite antecede o dia e o abismo antecede a terra firme. Para exegetas, estudiosos do texto com inclinação à demonologia, "Noite", "Abismo" e "Trevas" podem se personalizar como seres demoníacos, das sombras, ou abrigá-los. Portanto, não se surpreenda com a especulação ou criatividade nesse campo de estudos.

Mas a Bíblia Hebraica ou a Bíblia Cristã não são a única fonte: antes mesmo de a Bíblia ter esse formato e um número certo e definido de livros, havia outros livros que não foram aceitos na Hebraica e outros que não foram aceitos na Cristã. Esses livros são chamados de apócrifos, e desses textos rejeitados ou simplesmente não adotados no códice oficial surgem conceitos teológicos do bem e do mal, do sagrado e do divino, que até hoje influenciam conceitos tidos como válidos, mas que não existem de forma clara nos textos oficiais da Bíblia.

A Bíblia Hebraica foi compilada e organizada a partir do exílio babilônico, cerca de 586 a.C., quando o rei da Babilônia, Nabucodonosor, escravizou o povo judeu para a construção de seu império. Ali, os judeus – que ainda eram chamados de semitas – encontraram uma grande biblioteca que serviu de fonte para a Bíblia Hebraica. Foram compilados de textos daquela biblioteca, por exemplo, o mito de Adão e Eva, o dilúvio de Noé e a torre de Babel. Os israelitas entenderam que esses mitos tinham uma origem comum para todos os povos, inclusive o deles. Mas os grandes rabis, intelectuais israelitas, semitas, encontraram ali conceitos muito bem elaborados acerca do que viria a dar base para sua teologia, doutrina, conceito de sagrado e ritual.

Provavelmente vem dali a releitura judaica apresentada em dois livros importantes em sua época e que, posteriormente, não foram incluídos no cânone oficial judaico, embora permanecessem como influência de valores e conceitos para judeus e cristãos. São eles os apócrifos *Livro dos Jubileus* e *Livro de Enoc*, considerados sagrados para muitos, que se tornaram raros e até mesmo secretos. Com o tempo passaram a ser *case* de estudos de ocultismo e esoterismo judaico-cristão, citados por cabalistas judeus e gnósticos cristãos. Nesses dois livros, encontram-se os nomes dos anjos caídos, sua relação com Deus e os planos para a humanidade. Provavelmente vem daí o modelo de Satanás como filho de Deus, o acusador dos homens que aponta para Deus provações pelas quais o homem deve passar a fim de provar se é ou não bom e merecedor de bons olhos por parte do Senhor.

O *Livro dos Jubileus* foi escrito por um escriba judeu e fariseu cerca de 120 a.C. Entre 1947 e 1956, aproximadamente 15 manuscritos desse mesmo livro foram descobertos nas cavernas de Qumran, na Judeia, junto de todos os outros textos bíblicos e apócrifos judaico-cristãos encontrados na região, e que receberam o nome de *Manuscritos do Mar Morto*. Dessa forma, textos perdidos puderam ser relidos, reinterpretados e traduzidos por especialistas mais neutros que os religiosos, e dali reconhecemos a origem de alguns mitos e lendas. Isso tudo sem citar os outros apócrifos, tão importantes quanto esses.

Assim como nos livros apócrifos e escritos antigos de diversas culturas, há outros "diabos" menores citados nas Bíblias em suas diversas traduções –, que originalmente se referem a outros seres, cujos conceitos são totalmente inversos ao maligno ou diabólico. Nessas traduções, "diabos" são mencionados em poucas passagens do Antigo Testamento, como veremos a seguir.

Apolion, Abadon e o Dragão de Sete Cabeças

Durante muito tempo, o último livro da Bíblia Cristã, *Apocalipse*, foi considerado totalmente místico e esotérico, algo que só poderia ser entendido à luz do ocultismo, e assim João, seu autor, foi visto como um místico revelando o sobrenatural. Em 1947, com a descoberta dos *Manuscritos do Mar Morto*, foi possível interpretar toda uma linguagem metafórica utilizada pelos primeiros cristãos ao se referir sobre os romanos e, também, para ocultar suas intenções desses mesmos romanos. Podemos começar dizendo que a palavra "Apocalipse" quer dizer apenas "revelação" e não "fim dos tempos", como muitos imaginam. O autor está preso na ilha de Patmos e nesse momento o seu maior inimigo – ou seja, o maior inimigo dos cristãos – é Roma, o Império Romano, que está perseguindo e matando cristãos. Dessa forma, muito do que se pensa ser sobrenatural é apenas uma referência a um poder material e temporal, o poder romano. **Não há Diabo maior que Roma.** No contexto, a máquina romana de guerra acabava de destruir Jerusalém antes de expulsar João e os outros cristãos. João estava profetizando o dia da "desforra": Roma é a cidade dos Sete Reis, **Roma é o Dragão de Sete Cabeças**, que será destronado e esmagado, quando seu regime político e de poder "satânico" cair sobre terra. Em *Apocalipse* 12:9, podemos ler: "E o grande dragão foi expulso, a antiga serpente, chamada de Diabo, e Satanás, sedutor de todo o mundo; ele foi expulso para a terra, e seus anjos foram expulsos com ele". Essa é uma das passagens simbólicas e metafóricas que se refere a Roma e não a um Diabo metafísico com sua corte de anjos caídos. Em Apocalipse 3:9, a Sinagoga é chamada de "Sinagoga de Satanás", para criticar os sacerdotes hebreus que mantinham relação política e econômica com Roma.

"E eles tinham um rei sobre si, o anjo do abismo insondável, cujo nome na língua hebraica é Abadon, mas em grego tem o nome Apolion" (*Apocalipse* 9:11).

Abadon é um termo hebraico que quer dizer "destruição" ou "lugar de destruição", também considerado um "abismo sem fim", algo que pode ser comparado ao Sheol ou uma parte do Sheol. Na Bíblia Hebraica sempre se refere a um lugar, mas na Bíblia Cristã vai ganhar conotação de um ser ou entidade do mal. **Apolion** é considerado e citado por João como o correspondente grego para Abadon. Embora o termo "Apolion" também tenha esse sentido de destruição, alguns autores citam a proximidade da palavra como referência ao deus Apolo. Se João estivesse mesmo se referindo ao Diabo – o acusador –, provavelmente usaria Satanás, como de costume. Nenhuma das inúmeras bestas horrendas, descritas de diversas formas no *Apocalipse,* é o Diabo, tal qual idealizado na Idade Média.

Sobre as inúmeras descobertas de linguagem-código nos textos dos primeiros cristãos, Laurence Gardner, em *O Diabo*

*Revelado*³, Madras Editora, cita que "*os* **'pobres'**, *por exemplo, não eram cidadãos desprivilegiados, afetados pela miséria, mas sim os* **iniciados** *no alto escalão da comunidade (cristã), que abandonaram suas propriedades e bens materiais. Já* **'muitos'** *era um título concedido ao* **líder** *da comunidade celibatária, enquanto* **'grupo'** *designava o* **tetrarca** *(governador) regional,* **'multidão'** *significava* **conselho de governo. Aprendizes e estudantes** *do sistema eram chamados de* **'filhos'**. *A doutrina da comunidade de Nazaré era conhecida como o* **Caminho** *e aqueles que seguiam o Caminho eram chamados de* **Filhos da Luz**. *O termo* **'leprosos'** *era muito utilizado para denotar* **aqueles que não foram iniciados** *na comunidade ou que foram* **denunciados** *por ela. Os* **'cegos'** *eram* **aqueles que não aderiram ao Caminho e**, *portanto,* **não enxergavam a Luz**".

Além desses termos, há muitos outros utilizados por Jesus em suas parábolas, por exemplo, quando diz "deixa que os mortos enterrem seus mortos", ele quer dizer que todos que ainda não "despertaram" para uma verdade maior vivem, mas estão mortos. Essa linguagem simbólica e metafórica é muito comum nos textos sagrados de todas as culturas. No *Bhagavad Gita*, do Hinduísmo, Krishna diz que enquanto todos dormem o yogue está acordado – e aqui o sentido é o mesmo: aqueles que dormem para Krishna é igual aos mortos para Jesus. Da mesma forma que renascer não é reencarnar, como quer Allan Kardec, é renascer para a verdade e o caminho, por isso o batismo é considerado um ritual de iniciação, de renascimento, que tem sim também uma utilidade de purificação, mas que não tem por objetivo principal afastar o "pecado original" como se convencionou na Igreja Católica. "Pecado original" não existia nos tempos de Cristo. Esse conceito foi criado muitos anos depois por Santo Agostinho, para justificar purgatório, inferno e conversão, entre outros.

Dessa forma, pode-se entender um pouco melhor a linguagem do *Apocalipse* e de outras passagens da Bíblia Cristã. A

---

3. GARDNER, 2013.

batalha entre "**Filhos da Luz**" e "**Filhos das Trevas**" não é uma batalha celestial entre anjos e demônios, e sim a batalha terrena e cruenta entre a comunidade cristã e a Roma Imperial.

Pasme ainda, o termo "**Armagedom**", onde essa batalha final foi profetizada para acontecer, **vem de "Har-Megido"**, "**Monte Megido**", uma colina em Jezreel na qual existiu uma fortaleza palestina e talvez uma das igrejas cristãs mais antigas do mundo. O lugar é uma *tell* (colina), verdadeiro sítio arqueológico, onde se calculam cerca de 26 camadas de ruínas antigas de outras cidades em uma posição estratégica. O local foi declarado Patrimônio Mundial da Unesco em 2005.

Arimã

Na cultura persa de Zoroastro (Zaratustra), cerca de 1.200 a.C., surge um conceito forte no qual existem dois deuses que governam o mundo, dividido por igual entre o Deus Bom, da Luz e da Vida (**Ormuz** ou **Ahura Mazda**), e o Deus Mau, das Trevas e da Morte (**Arimã**). Aqui há uma grande diferença entre **Arimã** e outros diabos. **Arimã** é um deus e está à mesma altura do outro deus. Essa dualidade persa será de grande influência no período chamado de intertestamentário, entre o Antigo e o Novo Testamento. São os persas, por meio do Imperador Ciro, o Grande, que libertam os judeus do cativeiro babilônico e isso cria uma relação amigável entre judeus e persas, assim como a troca cultural e sincretismo de valores.

Arimã é uma das maiores influências na construção de um Diabo tal qual Lúcifer, que pode ou pretende enfrentar Deus. Fora **Arimã**, nenhum dos outros diabos pode enfrentar Deus, na verdade a grande maioria está mesmo a serviço Dele.

É principalmente desta cultura persa ou zoroastrista de dualidade (Bem e Mal) que vai surgir uma outra cultura religiosa sincrética chamada **maniqueísmo**, que tem em Maniqueu ou Manes o seu fundador no século III d.C., na região persa e babilônica, que alcança mais tarde Roma, China, África, etc. Maniqueu separa o mundo em dois: tudo é bom ou mau e tudo é governado por Deus ou pelo Diabo – e aqui o conceito de Deus e Diabo segue o modelo de Ormuz e Arimã. Nessa doutrina, Maniqueu combina valores do Zoroastrismo, Judaísmo, Cristianismo, Hinduísmo e Budismo, exaltando Zoroastro, Buda e Jesus em nome de Deus para vencer o Diabo.

Asmodeu – Asmodai – Aeshma

Asmodeu, Asmodeus, Ashimedai ou **Asmodai** é uma versão hebraica para o nome **Aeshma,** "o demônio da ira", que aparece no *Livro de Tobias* e no *Talmude* como "Príncipe das Trevas e da Luxúria"; é um dos anjos do deus Arimã dos persas e considerado um rei dos demônios em algumas narrativas judaicas. Existem lendas que ligam o Rei Salomão a alguns diabos ou demônios que ajudaram na construção do Templo de Salomão, entre eles estão **Asmodeus** e **Belial.**

Azazel e o Bode (o Bode Expiatório)

Em *Levítico* 16:8, Deus orienta o Sumo Sacerdote Aarão: "lançará sortes a dois bodes, atribuindo um ao Senhor e o outro a **Azazel**", isso feito no dia do perdão (*Yom Kippur*). O bode oferecido e sacrificado ao Senhor se destina à "expiação dos pecados", o outro deve ser enviado vivo para o deserto endereçado a **Azazel**. Aarão deve colocar as duas mãos sobre a cabeça do bode e confessar todos os pecados de seu povo e, assim, o animal carregará essas iniquidades para longe até a terra desolada, onde será recebido por **Azazel**. Como **Azazel** se tornou apenas "bode expiatório" e como isso vai se tornar referência ao Diabo como sendo um bode?

Em 1530, o reformador protestante Willian Tyndale fez uma tradução da Bíblia na qual trocou o nome de **Azazel** por *"ez ozel"*, interpretado como "bode que escapa". Posteriormente, na tradução de King James, uma das mais importantes e influentes para o Cristianismo, **Azazel** deixa de existir e é substituído por "bode expiatório".

Essa confusão cria uma relação direta entre o **pecado** e o **bode errante**, a ideia de bode vai ao encontro de Sátiros, Faunos e Pã, como Se'irim, que por consequência reforça a ideia de um Diabo em forma de bode e, logo, bode e Diabo se tornam sinônimos.

Dessa forma se entende a origem do termo "bode expiatório" como alguém que é punido pelos erros e pecados dos outros, e **Azazel,** por mais mal compreendido que seja, é um anjo do Senhor. Nessa cultura judaica todo bem e mal só acontecem por vontade do Senhor; mesmo que um anjo proceda mal ou intente contra a humanidade está dentro da vontade tão controversa e mal interpretada do Senhor. Sim, há controvérsias em ao menos dois textos apócrifos da Bíblia Hebraica, como *O Livro de Enoc* e o *Livro dos Jubileus*.

"Mas o bode peludo é o rei da Grécia; e o grande chifre entre seus olhos é o rei primeiro" (*Daniel* 8:21).

Azirá ou Asherá

Azirá é a Deusa esposa de El, o grande e único Deus para a cultura semita, israelita, na qual nasce o Judaísmo. Ao se eleger YHWH (Yavé, Javé, Jeová) como Deus único no lugar de El, então **Azirá** passa a ser esposa de YHWH. O culto a **Azirá** era muito comum e presente como um culto doméstico nos lares em torno do Templo de Salomão, o qual havia muito mais tolerância antes do exílio babilônico.

Após o exílio, sacerdotes e rabinos se tornaram extremamente intolerantes e passaram a criticar o culto doméstico a "estas azirás",[4] logo Ela que sempre foi a mãe e a grande Deusa passa a ser perseguida ao lado de **Ishtar**, **Lilith** e **Astarte** como demônios femininos. **Astarte** então, pior ainda, é renomeada

---

4. 2Rs, 21:7; 23:4;

Astoré e perseguida como demônio masculino, sendo então muito presente em cultos e rituais de magia negativa na Europa medieval, revividos na moderna goécia.

Baal ou Bel

Baal ou **Bel** quer dizer apenas "O Senhor" e era utilizado para identificar muitas divindades e nenhuma em específico. "O Senhor" é Deus e, geralmente, define a divindade que está no topo da hierarquia mitológica de tal cultura. Daí surge o nome Babilônia, que é a cidade de Baal.

Logo dizer que alguém cultua Baal ou Bel não implica culto demoníaco e sim o culto de uma divindade babilônica, sumeriana, assíria ou acadiana, por exemplo.

O nome Baal aparece várias vezes na Bíblia como em 2 *Reis* 10:18, em que Jeu reúne e mata todos os adoradores de Baal.

Baphomet – o Bode de Mendes

Ele tem cabeça de bode, uma chama entre os dois chifres, seios de mulher, um falo ereto em forma do caduceu de Hermes Trimegisto, asas, uma estrela de cinco pontas no terceiro olho, a mão direita apontada para cima, à lua branca, no sinal de bênção, e a esquerda para baixo, à lua negra, um braço masculino e o outro feminino. Esta imagem que se popularizou por meio do ocultista Eliphas Levi, no seu excelente livro *Dogma e Ritual de Alta Magia*,[5] é tão assustadora, tão diferente, tão animal e tão bode que só podia ser mesmo confundida com o Diabo. No entanto, nem Eliphas Levi é diabólico e muito menos a figura ou a representação de Baphomet. Essa figura representa o todo, as forças opostas e complementares do universo. Levi construiu essa imagem por meio de diversas tradições e descrições, entre elas o Bode de Mendes, cultuado no antigo Egito. Para Levi e para tantos outros, Baphomet é um nome misterioso.

---

5. LEVI, 2016. Publicado no Brasil pela Madras Editora.

Em 13 de outubro de 1307, os Cavaleiros Templários foram presos, torturados e queimados nas fogueiras da Inquisição por ordem de Felipe, o Belo, Rei da França, durante a época do Papa Clemente V. Foram acusados de diversas heresias, entre elas a de adorar o Diabo sob o nome Baphomet. Na verdade, os Cavaleiros Templários, donos de muitas terras, muitos bens, uma fortuna e muitos documentos de estudo judaico-cristão, mágico, místico e manuscritos originais se tornaram uma ameaça e, para completar, o Rei lhes devia dinheiro e favores. Portanto, a solução encontrada pelo Rei da França para acabar com tal ameaça ao seu poder foi trair os Cavaleiros Templários com mentiras acerca de heresias. O nome Baphomet era conhecido dos Cavaleiros Templários, e para ser traduzido precisava de um código chamado "Atbash", usado por cabalistas, no qual inverte o uso das letras hebraicas. Aplicando o Atbash, a palavra "Baphomet" se converte em "Sophia", palavra grega que quer dizer "Sabedoria". Assim podemos ver, demonstrar e compreender, mais uma vez, que quando o assunto é Diabo a maioria das informações está errada.

Quem imaginaria que "Baphomet" é "Sabedoria"? Mais ainda, quem poderia crer que aquela figura, que para a maioria das pessoas causa medo, é a representação das forças do cosmos?

O que a gente sabe do Diabo, afinal? Quase nada! Uma certeza podemos ter: a de aquilo que todos acreditam ser o Diabo não existe pelo simples fato de ser ilusão, distorção e alucinação. Às vezes de forma intencional e outras vezes apenas como manifestação da sombra humana.

Belfegor

Belfegor é literalmente o "Deus do Fogo", uma divindade moabita cultuada no monte Fegor. Assim como muitas outras divindades, foi considerado um Diabo.

Belial

Belial, do hebraico *"beli ya'al"*, destruidor perverso, considerado o líder dos filhos das trevas, assim como **Mastema**, é descrito no *Livro dos Jubileus* como uma força maligna que não se submete a Deus. Em 2 *Coríntios* 6:15, São Paulo cita nominalmente **Belial** como oposto de Jesus Cristo. Em um antigo manuscrito chamado "O Testamento dos Doze Patriarcas", de 150 d.C., **Belial** é citado como Príncipe das Trevas que virá como anticristo.

Belzebu

Belzebu deriva de **Bel Zebuth** ou **Baal Zebub**, e isso quer dizer "**Deus das Moscas**", uma forma irônica ou jocosa de se referir a deuses estrangeiros. O local onde se fazem oferendas cruentas (animais) aos deuses fica cheio de moscas, e se não for cuidado fica infestado. Um deus de moscas é como um deus adorado apenas por moscas ou um deus que não merece mais atenção que a das moscas. Dessa forma, **Belzebu**, "**Deus das Moscas**", é um deus estrangeiro, e todos os deuses estrangeiros são considerados Diabos. Esse nome aparece no Antigo Testamento pela primeira vez em 2 *Reis* 1:2, em que o Rei Acazias de Israel estava doente e pede a seus mensageiros irem a **Baal-Zebub**, o Deus de Ecrom, consultar se iria melhorar. Isso mostra a interação antiga entre deuses e culturas as quais foram perseguidas depois do exílio babilônico. No Novo Testamento, Jesus é acusado pelos sacerdotes fariseus de usar o poder de **Belzebu** para afastar demônios, que podem ser espíritos ou diabos. Em *Marcos* 3:23, Jesus responde à acusação questionando: "como poderia Satanás expulsar Satanás?" E assim Jesus reforça a ideia de que para os fariseus **Belzebu** é Diabo e o acusador, Satanás. Em *Mateus* 12:24, **Belzebu** é chamado "**Príncipe dos Demônios**", em *Lucas* 11:15, ele é chamado "**Chefe dos Demônios**".

Hades

Hades é a divindade grega que cuida do submundo. Seu reino recebe o mesmo nome, Hades, que é para onde vão todos os mortos. Na cultura hebraica o equivalente seria **Sheol**, morada dos mortos. Não existe "inferno" na cultura judaica, muito menos no Antigo Testamento, dessa forma **Sheol** foi muitas vezes traduzido como **Hades** (grego) e mesmo como **Inferno**. Por consequência, o Deus grego **Hades** também é considerado Diabo, Rei do Inferno. Em *Salmos* 16:10 está escrito em hebraico "não abandonarás minha alma no **Sheol**", na tradução de King James e muitas outras já aparece a palavra **Inferno**, e essa passagem é repetida em *Atos dos Apóstolos* 2:27. Para o Judaísmo e mesmo para a cultura grega e outras culturas, todos os mortos vão para o mesmo lugar (Sheol, Hades, morada dos mortos, etc.); a Igreja Católica dividiu em dois lugares para onde vão os mortos: os justos vão para o **Céu** e os injustos para o **Inferno**, tendo ainda o **Limbo** como um local intermediário.

Iblis

No *Corão* ou *Alcorão*, o livro sagrado (a Bíblia) do Islã para todos os muçulmanos, o Diabo aparece com dois nomes, o já conhecido "Shaytan" – que tem a mesma raiz de Satã – e "Iblis". **Iblis** vem como sinônimo de "Shaytan". Nesse livro sagrado, o texto se refere a **Iblis** ora como um anjo, ora como um "Jin", que pode ser considerado um "gênio". Gênios costumam estar abaixo dos anjos e acima dos homens. No *Corão* está escrito que Alá exigiu que todos os anjos, feitos de fogo, se prostrassem diante do homem, feito de barro. Por orgulho, **Iblis** não aceitou se prostrar e assim quebrou o comendo de seu deus, tornando-se "Shaytan", um anjo caído, inimigo da humanidade.

Legião

Em *Marcos* 5:1-9 e em *Lucas* 8:26-30, Jesus expulsa "demônios", mas antes pergunta seu nome e ele responde: "Legião, pois somos muitos". Em seguida, imploram para ser expulsos e direcionados a uma manada de porcos que está passando. "Legião" também não é nome, é um termo romano para designar a maior unidade de um exército de soldados, mais de 2 mil homens. "Porcos" era uma forma de se referir aos guardas romanos, judeus não criavam porcos, e dessa forma também nos deparamos com uma linguagem simbólica. O termo demônios pode designar apenas "espíritos", assim como porcos designa a milícia romana.

Leviatã

No livro de *Jó* 40 e 41 aparece a descrição de **Leviatã**, o que se parece com um monstro marinho gigante ou um dragão, cujo hálito queima como brasa, uma chama jorra de sua goela e duro como a pedra é seu coração; quando se levanta, tremem as ondas e as vagas do mar se afastam; se uma espada o toca, ela não resiste; o ferro para ele é palha, a flecha não o faz fugir, não há nada igual a ele na Terra, pois foi feito para não ter medo de nada, é o rei das feras soberbas. Pela descrição não parece um Diabo, principalmente pelo fato de que, em Jó, Satanás é o filho de Deus acusador da humanidade e em nada tem a ver com esse monstro **Leviatã**. Mas tudo o que é desconhecido, monstruoso e causa medo pode e será associado ao Diabo e, portanto, foi assim que mais uma vez por ignorância nasceu outro Diabo.

Lúcifer – a Estrela da Manhã

"Como caístes dos céus, ó, **estrela da manhã**, filho da aurora! Como foste atirado à terra, tu vencedor de nações!"

Talvez essa passagem de *Isaías* 14:12 seja uma das mais distorcidas, retorcidas e recicladas ao bel-prazer dos cristãos. No original em hebraico está se referindo ao rei da Babilônia,

Nabonido, que foi vencido pelos persas por meio de Ciro, o Grande. O texto original em hebraico diz *"heilel bem-shachar"*, e isso quer dizer "presunçoso filho de **Shahar**", em que Shahar é o deus babilônico da aurora. Mil anos depois de esse texto ser escrito, São Jerônimo, ao traduzir a Bíblia da Septuaginta, em grego, encontra no lugar de Shahar o termo **Phosforos**, que quer dizer "o portador da Luz", e ali o santo tradutor não tem dúvida, passa para o latim transliterando o nome Phosforos para o nome **Lúcifer** ("o portador da luz").

Então, com base na tradução de São Jerônimo, King James escreve, na sua versão da Bíblia: "Como caíste dos Céus, ó **Lúcifer**, que se erguia nas manhãs! Como caíste à Terra, tu que feriu as nações!" Assim como em algumas versões da Bíblia "Almeida".

Dessa forma cristãos encontraram um meio de trocar o rei da Babilônia, Nabonido, por seu Diabo particular. **Lúcifer** não existe no Antigo Testamento, por isso, essa distorção na tradução foi importante a fim de fraudar a ideia de que a Bíblia Hebraica teria citado **Lúcifer** como uma estrela caída em alusão à sua condição de anjo caído. E essa é a psicologia e a lógica deturpadas e deturpadoras de quase toda a teologia diabólica da Igreja Católica, seguida e copiada por quase todas as outras Igrejas Cristãs do Evangelho, chamadas Evangélicas. Boa parte dos seguidores, fiéis e cordeiros não têm a menor ideia do que estão recitando e sendo levados a crer com relação a isso como construção de um Diabo particular e coletivo cristão, o **Lúcifer**.

Mamon

Mamon é um caso clássico e ignorante total de má interpretação, distorção e manipulação na tradução. A palavra **mamon**, traduzida ao pé da letra, quer dizer literalmente "**dinheiro**". Não existe nenhum Deus e nenhum Diabo com nome **Mamon**, simplesmente porque **Mamon** não é nome. Em *Lucas* 16:13: "Ninguém pode servir a dois senhores. Ou odiará um e amará o outro, ou se dedicará a um e desprezará o outro. Não podeis servir a Deus e a **Mamon**". Essa mesma ideia se repete em *Mateus* 6:24. **Mamon** representa para a Igreja o terceiro pecado capital, Ganância ou Avareza, e daí para ele se tornar um dos **Sete Príncipes do Inferno** foi um pulo.

Sete Príncipes do Inferno

Em 1589, o bispo e teólogo alemão Peter Binsfiel criou uma relação entre os sete pecados capitais e sete demônios, assim criando o conceito de **Sete Príncipes do Inferno**. São eles:

Belzebu – Gula
Mamon – Avareza
Azazel – Ira
Lúcifer – Orgulho
Asmodeus – Luxúria
Leviatã – Inveja
Belfegor – Preguiça

Mastema

No *Livro dos Jubileus* aparece um ser chamado **Mastema**, cujo nome significa "ódio" ou "hostilidade". Ele é o comandante dos espíritos ou seres malignos e também é considerado um príncipe que negociou com Deus a décima parte dos anjos. No entanto, há um detalhe que não pode passar despercebido: **Mastema** é subserviente a Deus e está a serviço Dele. Deus não apenas permite como também incentiva **Mastema** e seus anjos caídos a levarem todo tipo de tentação e mal à humanidade para, dessa forma, ser possível saber quem se mantém firme em suas virtudes apesar das suas investidas. **Mastema**, que não é um Diabo como no modelo cristão, está a serviço do Senhor de Tudo e de Todos, onipotente, que não suja suas mãos com a iniquidade, mas coloca o mal no mundo como uma forma de testar os bons e separar o joio do trigo.

Em uma das passagens do *Livro dos Jubileus* podemos ler: "E o príncipe **Mastema** enviou seus servos para cometer todo tipo de maldade, crime e pecado, para destruir e para derramar sangue sobre a Terra".[6] **Mastema** faz parte de um mito antigo, o qual com certeza estava na biblioteca babilônica e que, por meio da cultura judaico-cristã, está no inconsciente coletivo e sobrevive se reciclando com diferentes nomes, culturas e contextos no mundo ocidental.

Mefistófeles

Mefistófeles ficou muito conhecido na obra de Goethe, *Fausto*, em que o doutor Fausto vende sua alma ao Diabo e passa a conviver com este em troca de benefícios como o saber, a ciência, a juventude, promessas afetivas e ganhos financeiros, entre outros, promessas que levam milhares de pessoas a buscarem pactos escusos e parcerias com os diversos capetas.

Mefistófeles torna-se conhecido na Idade Média como parceiro de Lúcifer. O nome provavelmente deriva de Mes (negativa)+Fosto+(Luz)+Filos (Amor), ou seja, "**aquele que não ama a Luz**" ou "**inimigo da Luz**". Não há muitas fontes sobre **Mefistófeles**, no entanto, é visto ou apresentado como um sedutor, galanteador que transita em nosso mundo, o qual se reconhece por um brilho satânico no olhar, revelando suas intenções diabólicas. Assim, todo galanteador, mentiroso, safado e cafajeste é um Mefistófeles ou ao menos alguém que incorpora ou encarna seu arquétipo.

Moloque

Moloque é uma forma grega ou latina de se referir a **Molech**, em hebraico, e **Melek** ou **Molek**, que quer dizer *rei* para a cultura amonita da Cananeia, cerca de 1900 a.C. A força dessa designação pode ser observada no nome **Melquisedek**, que

---

6. "Livro dos Jubileus" foi escrito por um escriba fariseu no século II a.C. GARDNER, 2013, p. 22).

tem a mesma raiz etimológica e quer dizer Melek tisedek, *o rei justo*. Logo, é um deus considerado rei dos deuses. No Antigo Testamento, ele é citado como um ser de corpo humano e cabeça de touro – a aparência de **Moloque** será algo muito semelhante à lenda do Minotauro –, é dito que havia uma imagem do deus com uma cavidade onde crianças eram jogadas para sacrifício humano, no qual eram queimadas vivas por um fogo purificador, destruidor e consumidor. Moisés proíbe a adoração a **Moloque** em *Levítico* 20:2.

Nephilin

Em *Gênesis* 6:2, aparece a curiosa passagem onde está escrito que "os filhos de Deus viam as filhas dos homens e como elas eram belas; e eles tomaram suas escolhidas como esposas". Nessa passagem como em outras de *Gênesis*, Deus aparece pelo nome Elohim, que é plural de El e, dessa forma, podemos considerar que "os filhos dos Deuses viam as filhas dos homens", o que caracteriza a parte Elohista de *Gênesis* em contrapartida à parte Javista, em que o nome de Deus é Javé (YHWH). Isso evidencia o fato de que *Gênesis* é a compilação de textos mais antigos coletados na Babilônia, Assíria e Suméria. Na sequência, aparece a palavra **Nephilin**, onde se lê: "naquele tempo havia **Nephilin** na Terra". Não existe uma tradução para **Nephilin**, não são anjos, nem demônios ou monstros. O hebraico é escrito apenas por consoantes nas quais se atribuem as vogais. Na raiz consoante de **Nephilin** está NFL, que significa jogar ou lançar para baixo, o que se pode referir a "**caídos**" ou aqueles que "**desceram**". Dessa forma, **Nephilin** tanto podem ser anjos ou seres que "caíram" ou que "desceram", impossível qualificar se são do bem ou do mal.

Flavius Josephus, no século I, compara os **Nephilin** aos Titãs gregos, chamados "Gigantes"; assim, em muitas bíblias no lugar de **Nephilin** aparece: "naquele tempo havia **gigantes** na Terra". Alguns intérpretes podem considerar os **Nephilin** como anjos caídos e diabos que vinham copular com as filhas dos homens, a exemplo do que mais tarde vai aparecer como súcubos e íncubos, seres trevosos ou demoníacos que vêm para copular com homens e mulheres na literatura ocultista, os quais são abrandados em uma interpretação espírita de obsessores sexuais.

O que seriam, afinal, diabos que se "alimentam" do sexo? Mais uma vez, **Pã** será lembrado por perseguir as ninfas pelos jardins mitológicos, com sua flauta na mão, assim como **Príapo**, **Dionísio**, **Shiva**, **Min**, **Exu** e outras divindades da virilidade masculina serão consideradas diabos que querem copular e se alimentar do sexo, tão pecaminoso e vergonhoso. Afinal, na cultura judaico-cristã, sexo não deveria ser para prazer e sim, exclusivamente, para procriar, logo, uma divindade que tem ou ensina a arte do prazer só pode ser um Diabo. Lógica das lógicas distorcidas e criadas por mentes perversas, afinal se não fosse para ter prazer, por que então Deus haveria de ter criado o sexo como algo que proporciona o orgasmo?

Pazuzu

Os textos mais antigos da humanidade ocidental e mesmo do Oriente Médio, especificamente da Mesopotâmia antiga, estão em plaquetas de barro e escritas cuneiformes, de cerca de 3.000 anos antes de Cristo. Desses registros sobrevivem deuses, semideuses, anjos, devas, avatares, gênios e diabos antigos, e de lá nos chega **Pazuzu**. A exemplo do que se segue nos milênios de anos posteriores, **Pazuzu** é demoníaco para uns e é protetor para outros. Muitas vezes, ser anjo ou Diabo é apenas uma questão de ponto de vista acerca de entidades consideradas poderosas e benéficas para uns, mas não tanto para outros.

Na região mesopotâmica da Acádia antiga, **Pazuzu** é considerado o rei dos demônios, com traços de cão, olhos saltados e pés em forma de garra. No entanto, para os sumerianos, o mesmo **Pazuzu** não é totalmente maligno e pode proteger as mulheres e seus filhos em amamentação da demoníaca **Lamastu**, rainha com cabeça de leão que, distante dali, na Assíria, era uma deusa. Dessa forma, na Babilônia, 1.000 anos antes de Cristo, as mulheres usavam amuletos para que **Pazuzu** as protegesse de **Lamastu, que "devorava" crianças (aborto).**

Satanás

Satanás, sim, é um termo hebraico forte, presente no Antigo Testamento, que passou a ser considerado um nome. A palavra satanás quer dizer acusador, apenas isso; não é alguém, mas todo e qualquer acusador, dedo-duro, caluniador, crítico, questionador, etc. No Antigo Testamento, Satanás só aparece três vezes – sim, apenas três vezes. A primeira e mais memorável é no *Livro de Jó*, onde Deus reúne seus filhos e um deles é o acusador (Satanás). Esse filho acusador questiona as virtudes de Jó e sugere que a fé de Jó seja testada. O que se sucede nesta história é uma grande lição de vida e aprendizado de que nem sempre, na vida, coisas ruins são resultado de ação e reação. O *Livro de Jó* demonstra que coisas ruins também acontecem a pessoas boas, e que virtudes só têm valor quando colocadas em prática ou testadas. E tudo isso se dá com a anuência de Deus que está em assembleia com seus filhos, sendo Satanás tratado com o mesmo respeito de todos os outros. Dessa forma, "satanás" está longe do conceito diabólico que lhe será atribuído posteriormente, e também não se trata de um nome que identifique um indivíduo, mas apenas um conceito.

Satanás será citado outras duas vezes apenas no texto original: em 1 *Crônicas* 21:1, onde "Satanás se levantou contra Israel e induziu Davi a numerar Israel". Isso diz respeito ao fato de o Rei Davi introduzir a cobrança de impostos a seu povo, o que foi considerado pecado, um erro perante Deus – "o Senhor enviou a peste a Israel e pereceram 70 mil homens em Israel". A última citação será em *Zacarias* 3:1-10, em que Satanás está debatendo com Deus e acusando o sumo sacerdote Josué de representar mal os judeus descontentes. No entanto, Deus toma o partido de Josué.

Nas aparições de Satanás se estabelece um conceito de Deus que não existe para o Cristianismo. Nesse conceito mais antigo, Ele debate e ouve conselhos, mesmo quando eles vêm de um acusador da humanidade, o chamado "satanás". No entanto, se Deus o ouve é porque seus conselhos e críticas são importantes para resolver e entender as questões. Ainda assim, podemos considerar sempre que os textos bíblicos, ao se referirem a Deus, relatando o que Ele faz, o que fala e ainda Sua relação com outros seres e entidades, revelam algo como uma mitologia, mitos sobre relatos daquilo que humano algum poderia ver ou testemunhar. Na qualidade de filho de Deus, Satã ou Satanás; chamado de Satanael, Satã, filho de El.

Se'irim

Se'irim é o termo hebraico que corresponde a sátiros, faunos ou mesmo ao deus Pã nas culturas grega e romana. Em *Isaías* 13:21 aparece uma profecia que cita a Babilônia, dizendo que "bestas selvagens do deserto ali repousarão; e suas casas se encherão de criaturas sombrias; e corujas lá habitarão; e sátiros (**Se'irim**) lá dançarão". É claro que **Se'irim**, sátiros, faunos e Pã são considerados e traduzidos como diabos.

A palavra inglesa "devil" tem origem em **Se'irim** como conceito de um ser "peludo", um tipo de demônio peludo que vivia em terras devastadas.

Serpente

O primeiro ser considerado maligno ou tentador é uma **serpente**, aquela que oferece o fruto proibido para Eva. Deus havia proibido Adão de comer o fruto, justificando que ele morreria. A serpente diz que isso não é verdade e que, no dia em que comessem desse fruto, os seus olhos se abririam e ambos se tornariam deuses (Helohin, que é plural de El). Ao comer o fruto, Adão e Eva se descobrem nus, ou seja, perdem a inocência, passam a conhecer o bem e o mal, escondem sua nudez e se tornam humanos. Historicamente nasce o conceito de vergonha e pudor relacionado ao sexo para as culturas judaica, cristã e islâmica, algo inexistente nas outras diversas culturas do globo terrestre, como as nativas das três Américas, as africanas, as indianas, as australianas e outras mais.

Essa **serpente**, principalmente no Cristianismo, será considerada o mal, o Diabo, satã, o tinhoso e até o próprio Lúcifer disfarçado. No entanto, a palavra serpente em hebraico, *"nahash"*, antes de ter as vogais atribuídas, fica **NHSH**, que pode significar **"decifrar"** ou **"descobrir"**, que é a mesma raiz da palavra **"sabedoria"**. Dentro dessa interpretação, podemos dizer que a serpente é quem dá a sabedoria, o conhecimento e o livre-arbítrio para Adão e Eva. Seria a tal serpente realmente maligna? Não seria Deus o responsável por tudo? Não é Ele onisciente, onipresente e onipotente? Inocentes não são como crianças, as quais basta proibir algo para aguçar a curiosidade? Não estariam a serpente e o fruto a serviço da vontade de Deus?

Não importa quais respostas você possa ter dado anteriormente, Adão, Eva e a serpente fazem parte de um mito, algo que nunca aconteceu. A figura da serpente pode fazer parte do projeto de demonização das divindades serpentes de outras culturas. Enfim, interpretar essa lenda ao pé da letra, de forma fundamentalista, e ainda acreditar que é um fato histórico revelador sobre a natureza do mal são, no mínimo, atitudes infantis, assim como um conto de fadas contado a uma criança, com objetivo de ensinar o que deve ou não fazer com relação à moral e à ética no seu dia a dia.

No fundo esse muito retrata o que é humano no ser humano.

Shedin

Em *Deuteronômio* 32:17, Moisés explica que nas antigas práticas pagãs israelitas se sacrificava em nome de **Shedin** e não em nome de Deus. O mesmo se dá em *Salmos* 106:37, o qual explica que os israelitas sacrificavam seus filhos e filhas aos **Shedin** e, claro, que traduziram como "demônios". No entanto, na antiga Babilônia e região, o termo **Shedin** – assim como "daimon" para os gregos – é genérico e se refere a qualquer entidade ou espírito. **Shedin** deriva de **Shedu**, criaturas aladas, semelhantes a animais e conceitualmente iguais aos querubins. **Shedu** hoje se refere a imponentes estátuas de touros alados que guardam a entrada de palácios assírios. *Ezequiel* 1:10 descreve seres alados, "anjos", que têm as faces de humano, leão, boi e águia. Assim, **Shedin** ou **Shedu** são apenas os "anjos" ou "querubins" dos outros, os babilônicos, esses sim verdadeiros "diabos" para os judeus.

Embora nos textos bíblicos originais em hebraico, aramaico e grego existiam vários nomes de diversos seres diferentes, que podem ser considerados "negativos" ou "demônios" em boa parte das traduções esses nomes são todos substituídos por "diabo", assim como os diversos e diferentes nomes de Deus (ou deudes?) são substituído por Deus.

Conclusão

Então nas traduções cristãs, principalmente as manipulações já começam com as primeiras traduções para o grego e o latim (*Vulgata*). Logo, o que chega em português já é tradução de segunda, ou terceira mão, totalmente manipulada segundo esta ou aquela doutrina.

Agora que pudemos observar mais de perto os nomes e histórias de alguns diabos, é possível constatar que na maioria das vezes suas origens não correspondem ao conceito popular, não se trata de um ser único – que possui diversos nomes – dedicado ao mal, e mais: em nada o Diabo tem a ver com o Orixá Exu ou a Entidade Exu.

Essa pesquisa demonstra, acima de tudo, o quanto ignoramos este e muitos outros assuntos teológicos ou religiosos. Ainda assim nos arvoramos em crer nos conceitos mais absurdos pelo simples fato de que ouvimos falar ou aprendemos por meio do preconceito e da ignorância. É comum ver uma pessoa crer que está xingando a outra chamando-a de Exu ou de Pombagira. Isso também acontece pelo fato de que algumas religiões e igrejas evangélicas neopentecostais demonizam Exu e Pombagira, atribuindo a eles e, pasmem, aos Orixás, o mal que existe no mundo. Esses conceitos distorcidos por meio da ignorância, preconceitos e intolerância total criam a ideia de que combater Exu e Pombagira, quem se relaciona com eles e também as religiões e religiosos de influência afro é uma forma de combater o mal no mundo. Infelizmente, esse fato vem suscitando diversos casos de agressão por causa da intolerância religiosa.

No momento, estamos trazendo e levando cultura para combater as trevas da ignorância, no entanto, precisamos de muito mais; precisamos da força da Lei e também que os praticantes de Umbanda, Candomblé, Tambor de Mina, Catimbó, etc. regularizem seus templos, buscando saber e dedicar-se um pouco à burocracia: estatutos, cartório, contador, advogados e licenças de funcionamento; bem como respeitar a vizinhança, respeitar a hora de silêncio noturna, respeitar o próximo para ser respeitado. Sim, temos direitos, mas também temos deveres como cidadãos, na vida em sociedade. Não adianta apenas reclamar e não fazer nossa parte. Toda mudança deve começar de dentro para fora. Comecemos por limpar a casa, abrir as janelas e deixar o ar do saber e do respeito adentrar nosso universo.

SEGUNDA PARTE
Eu Sou Exu!

"*Não vemos o mundo como ele é; vemos como somos.*"
Anaïs Nin (1903-1977)

Orixá Exu

Exu, divindade africana, nagô-yorubá, é divindade fálica, age também no sentido do vigor físico e espiritual. Seu nome quer dizer Esfera, mostrando ser uma divindade que atua em tudo e em todos os campos.

Considerado o mensageiro dos outros Orixás, Exu vitaliza ou desvitaliza qualquer um dos sete sentidos, sendo muito evocado e muito atuante pela abrangência de seu mistério.

O tridente, ferramenta de Exu na Umbanda, nunca teve conotação negativa, pelo contrário. O tridente sempre foi algo divino nas culturas pagãs anteriores ao Cristianismo, por isso a cultura católica fez questão de pregar o inverso, para facilitar a conversão de seus fiéis e fazer com que esquecessem os mistérios a que tinham acesso direto. Agora o único acesso a qualquer mistério estaria na mão de um sacerdote católico.

Podemos citar ainda os tridentes de Netuno, Posseidon e Shiva, entre outros. Esses tridentes mostram o valor divino concedido a eles: a trindade; o alto, o meio e o embaixo; céu, mar e terra; luz, sombra e trevas; pai, mãe e filho; etc. Na cultura católica, essa trindade perde toda sua relação com o tridente e aparece apenas como Pai, Filho e Espírito Santo, deixando de lado o elemento feminino, tão importante, que se concentrará na figura de Maria, mãe de Jesus.

Assim, Exu evoca seu mistério do vigor e o mistério tridente já tão deturpado em nossa cultura, mas de grande valor como mistério divino, pois traz em si poder de realização, desde que manifesto da forma correta.

Para muitos Deus é uma mesma força, consciência, energia, fonte original, criador de tudo e de todos, Ser Supremo e único que em diferentes culturas assume nomes e roupagens diferentes. Na obra de Rubens Saraceni o mesmo conceito se estende às divindades de Deus, onde Oxum, a divindade do amor, tem mesma essência e origem divina que Afrodite grega, Vênus romana, Lakshmi hindú, Hathor egípcia, Freyja nórdica, Kwan Yin chinesa e outras.

Assim é possível pensar que uma mesma divindade feminina do amor ou um mesmo mistério feminino do amor se mostre ou se manifeste de formas e nomes diferentes em diferentes épocas, culturas e religiões. É a partir dessa perspectiva que buscamos divindades análogas ou semelhantes ao Orixá negro africano yorubá, Exu, em outras culturas como segue abaixo:

Exu, Hermes, Pã, Príapo, Dionísio, Min, Bes, Seth, Savitri, Lóki, Baal, Shulpae, Shullat, Kanamara Matsuri, Baco, Anzu.

Hermes – Divindade grega, filho de Zeus com a ninfa Maia, era o mensageiro dos Deuses. Era responsável por tudo que se relacionasse com movimento, viagem, estradas, moeda e transações comerciais. Por isso aparecia sempre usando um chapéu de viajante e sandálias aladas. Na mão, levava uma varinha mágica feita de duas cobras enroscadas em uma haste.

Pã – Divindade grega, filho de Hermes, torso humano, pernas e chifres de bode, deus dos campos, dos pastores e dos bosques. Adorava a companhia de sátiros, era bom músico, bom dançarino e adorava perseguir as ninfas. De voz aterradora, é a partir de seu nome que nos vem a noção de "pânico".

Príapo – Divindade grega, filho de Afrodite e Hermes, divindade fálica da fertilidade.

Dionísio – Divindade grega, filho de Zeus e de Sêmele, Deus dos vinhos e folguedos, vagava por todo o país bebendo vinho e dançando sem parar. Teve seu culto inicial mais ligado aos aspectos de divindade da floresta, possuindo qualidades fálicas, foi deixando para trás sua natureza vegetal, lembrada apenas pelo vinho e videiras. Como divindade fálica, aparece com sobrenomes como Ortos, "O Ereto", e Enorques, "O Bitesticulado".

Min – Divindade egípcia, divindade fálica, também da abundância, da fertilidade, da força, do poder e do vigor.

Bes – Divindade egípcia, "deus da concupiscência e do prazer", de origem estrangeira, aparece de pé sobre um lótus; também é fálico.

Seth – Divindade egípcia, senhor do caos ou da desordem, também transmite força, poder e vigor. Atua de forma tripolar e muitas vezes atuará no campo do Trono oposto ao Trono da Lei, pois sua presença gera a desordem, bem como sua ausência beneficia a ordem divina.

Savitri – Divindade hindu, "su", raiz do nome ("estimular"), é o "estimulador de tudo".

Lóki – Divindade nórdica, irmão de Odim, é divindade de força e poder que muitas vezes direciona todo esse potencial de forma não compreensível. Incansável em suas ações, é em si o próprio mistério do Vigor agindo de forma dual, ora positivo e ora negativo.

Baal – Divindade caldeia, cananeia e fenícia, "Senhor" ou "Esposo". Também é um deus fálico.

Shulpae – Divindade sumeriana com uma série de atribuições, incluindo fertilidade e poderes demoníacos.

Shullat – Divindade sumeriana, consorte de Hanish. Servo do deus Sol. Equivalente a Hermes, o mensageiro divino.

Kanamara Matsuri – Divindade japonesa, "falo de ferro", senhor da fertilidade, reprodução e sexualidade, trazia fartura e a cura para a impotência e a esterilidade.

Baco – Divindade grega do vinho e da vindina, da devassidão e do alvoroço.

Anzu – Divindade babilônica, águia de cabeça de leão, porteiro de Enlil, nascido na Montanha Hehe. Apresentado como o ladrão mal-intencionado no mito de Anzu, mas benevolente no épico sumério de Lugalbanda.

Eu Sou Orixá Exu!

> O texto a seguir trata-se de uma escrita inspirada, por isso, está em primeira pessoa e possui um estilo literário diferente ao dos capítulos anteriores, frutos de pesquisa.

EU SOU ORIXÁ EXU, sou um poder primordial, ancestral e divino. Sou anterior a tudo e a todos.

Sou um Deus antigo, por isso conheço todos os outros deuses, conheço todas as divindades, conheço todas as suas religiões. Sou anterior à criação deste mundo, eu assisti aos sete dias da criação, que na verdade aconteceram em um tempo em que o tempo não era contado ainda. Por isso não sou trevas, sou anterior à Luz e às Trevas, que na verdade não passam de um conceito humano para julgar uma dualidade que é apenas humana. Sou anterior ao dia e à noite. Luz e Trevas são conceitos criados para o homem aprender a lidar com seu livre-arbítrio e sua alma, logo o homem os associou ao seu simbolismo metafórico e metafísico de "dia" e "noite".

Antes de existir a razão humana, eu já existia, portanto, nunca serei racionalizado e compreendido em minha totalidade, pois sua razão não dá conta de algo tão transcendente quanto eu.

Sou maior que todos vocês juntos, porque cada um de vocês é apenas um indivíduo, cada um de vocês é apenas um ego manifesto. EU SOU ausência de Ego e, ao mesmo tempo, sou profundamente conhecedor desta natureza humana, afinal EU participei da sua criação. Conheço o ego humano a fundo e sei que cada um pinta o seu mundo particular com as tintas do seu pequeno e mesquinho universo particular a que se chama "sua verdade".

Assim sou eu, visto no espelho da sua alma, mostro-me a partir do que você é, e assim desenhado e pintado com traços e cores do seu ego e sua vaidade. Posso não parecer bonito, mas o que você vê não sou eu de fato, e sim a sua própria imagem no espelho.

O dia em que conseguirem vencer de forma absoluta este ego, então seremos iguais, seremos apenas mistérios de nosso Criador, no qual não existe um mistério melhor do que o outro, apenas diferentes na forma e únicos na essência, com uma fonte de origem comum, o UNO.

Todos os mistérios são mistérios iguais em importância, e quando você aprender a se perder de si mesmo e se entregar a algo maior, então, só nesse momento seremos um.

Abandone todo o medo da morte e, também, abandone todos os outros medos, então, descobrirá que a eterna luta entre vícios e virtudes é tão infantil quanto o apego de crianças por brinquedos que inevitavelmente se tornarão gastos e desinteressantes, assim que aparecer um brinquedo novo.

O Medo

Todos vivem com medo neste mundo. EU SOU ORIXÁ EXU, represento a superação do medo, a coragem absoluta, a coragem de ser quem você é.

Medo é o que faz um animal se tornar agressivo; medo cria a separação, o abismo social; medo faz com que poucos dominem muitos; medo faz o mais fraco, o mais medroso, se armar até os dentes com tudo o que pode para subjugar o forte. Forte é o "forte de espírito", de alma, é aquele que não necessita de um falso e efêmero poder para se sentir menos fraco que sua "frágil natureza" ou "condição humana" – nem tão frágil nem tão humana quanto divina.

Eu represento a coragem, palavra pequena e simples que quer dizer algo único e grandioso; coragem quer dizer a capacidade de ver, ouvir, sentir e seguir seu coração, sem restrições. Coragem é algo que está acima das convenções sociais, coragem está além das máscaras, e é preciso coragem, muita coragem, para vencer seus condicionamentos, crenças limitantes, preconceitos, paradigmas, falsas verdades que agradam e adormecem seu espírito inebriado por ilusões e alucinações, que só fazem estagnar e colocar cada um em sua zona de conforto e paralisia mental. Eu sou consciência absoluta!

Sou eu que estou lá nas encruzilhadas do tempo do espaço, da vida e da alma e do espírito!

Sou eu que estou diante de todas as escolhas, diante de todas as mudanças; sou eu que estou entre luz e trevas, que é a única encruzilhada que interessa entre a ilusão dos vícios e as virtudes tão mal compreendidas quanto mal-empregadas. Estou diante de todas as mudanças de padrões e paradigmas; sou mudança e impermanência. Sou contrário à estagnação e ao conforto da inércia, sou o avesso do sedentarismo, sou força, sou vigor e vitalidade. Sou a vida em movimento que transcende a razão humana.

Sou eterno, estive e estou presente em todas as encruzilhadas da vida, do espaço e do tempo, assistindo à morte de valores antigos em detrimento de novos valores considerados humanamente melhores ou superiores. Tenho assistido ao homem, geração após geração, substituir velhas ilusões por novas ilusões. Tenho visto, vejo e continuarei a ver o homem colocar a mentira em seu altar, afirmar como verdade absoluta suas pequenas verdades. Civilização após civilização, eu vejo um povo subjugando o outro. É sempre a lei do mais forte e esta tem sido a regra. Novos mundos, realidades e culturas se criam e se reciclam em cima de morte, barbárie e destruição. O culto, o nobre e o civilizado sempre matando cruelmente todos que consideram bárbaros e inferiores. Nada muda debaixo do sol ou da lua; impermanência é uma constante, mudança é constante, nenhuma mudança humana traz mudança real à condição humana, apenas se julgam melhores por ter mais brinquedos ou por explorar o que outros ainda não exploraram.

E quantas vezes esse movimento é feito em nome de Deus, deste Deus tão humano, que na fraca concepção teológica distorcida é alguém que deve ser temido, o Deus que castiga. Este é o mundo do medo, o mundo dos valores invertidos. O fraco é considerado forte, o simples é considerado bárbaro e o poder material continua nas mãos dos corrompidos. Por isso, este é o mundo da ilusão, o mundo onde todos vivem como autômatos; um mundo onde todos estão mortos, robotizados, dormindo na leseira de seus egos. Ainda assim este é o mundo de que vocês necessitam, é neste mundo que está sua oportunidade de ir além, além de tudo isso. Este Mundo não vai mudar, o que deve mudar é você, você é que deve compreender que você é seu mundo. EU SOU ORIXÁ EXU e tudo isso eu tenho visto.

A Força e a Virtude

Não sirvo aos fracos, apenas aos fortes, fortes de caráter, fortes em retidão, fortes no amor, fortes na guerra, fortes na fé, fortes em suas virtudes, fortes em virtuosismo, fortes em sua ética.

Aos fracos, eu não sirvo, mas os deixo loucos, loucos em sua sede de poder, loucos em suas arrogâncias, loucos em sua soberba, loucos em seu ego, loucos em suas paixões e apegos desenfreados por tudo que é material.

São fracos todos aqueles que não têm a coragem de assumir sua personalidade; são fracos todos aqueles que sustentam falsos moralismos na tentativa de esconder seus desejos mais baixos; são fracos todos aqueles que vivem diminuindo os outros na tentativa de se sentirem melhores ou maiores; são fracos os que só encontram diversão na ironia que agride; são fracos todos aqueles que, para se sentirem poderosos, querem controlar tudo e todos. Esses fracos me procuram, esses fracos me perseguem, esses fracos sempre acabam vindo a mim para me pedir tudo o que não se sentem capazes de realizar por si mesmos. Esses fracos sempre caem nas armadilhas do destino, se corrompem, se vendem por ninharias. E não estou falando de vender o corpo, mas sim daqueles que venderam suas almas, que têm suas consciências prostituídas. Estou falando daqueles que prostituem seus sonhos, estou falando dos fracos que se cobrem de joias e perfumes na intenção de disfarçar sua feiura interior e sua podridão tão inevitavelmente exposta.

Aos fracos, eu reservo as loucuras consideradas tão normais neste mundo de valores invertidos. Aos fracos é permitido, por algum tempo, se deliciar na mentira de seus egos e jogos de poder, que lhes causam um frenesi fútil e diminuto. Esses fracos, que considero mortos por não conseguirem viver sua essência verdadeira, que é também divina como a minha, um dia acompanharei em suas descidas nas trevas. Não no inferno católico, mas em seu inferno particular e independente de qualquer religião, em suas trevas interiores que conduzem aos abismos de suas dores mais profundas. São esses fracos que preferiram esconder suas dores, que preferiram fingir que não carregam decepções. São esses fracos que não conseguiram forças para se olhar no espelho. Então, um dia, eu serei o seu espelho e não precisarão mais continuar jogando sua podridão no semelhante, não precisarão mais continuar apontando o dedo para tudo e para todos, mostrando seus próprios vícios.

Eu, ORIXÁ EXU, chegarei cheio de virtudes, eu mesmo chegarei cheio de alegria pela vida, eu mesmo chegarei com força e virilidade, chegarei grande em poder, chegarei com todas as qualidades que você finge ter e tantas outras que finge não ter, em sua hipocrisia sem limites. Chegarei exultante em coragem absoluta, chegarei sem vacilar, chegarei com toda a impetuosidade que os seus medos mais profundos não lhe permitem ter ou possuir.

Sou irreverente e é por isso que me divirto com certas situações. Eu me divirto ao me mostrar aos falsos moralistas, me divirto quando sentados em cima de sua podridão, ou de cima do castelo de seus egos, apontam o dedo e me chamam de demônio. Eu me divirto porque sempre que me mostro para esses hipócritas vou vestido de espelho, vou plasmado e transfigurado com suas sombras, me cubro com seus vícios e me coloco de frente para eles. Nesse momento, eu represento tudo o que está reprimido em seu ser, lhes ofereço a oportunidade de limpar sua alma, lhes dou a chance de relaxar um pouco na vida para se despreocupar com tantas bobagens de um mundo frágil e inconsistente.

Sou ORIXÁ EXU, junto de Dionísio, eu ofereço a vocês o vinho que inebria os sentidos e convida a ver a vida com outros olhos. Mas ainda assim a grande maioria acorda de uma ilusão apenas para cair dentro de outra ilusão, acorda de um sonho dentro de outro sonho. Vocês abandonam o ego vulgar, em um sentido mais baixo, e assumem o ego por sentidos mais nobres, mas ainda assim continuam apegados, orgulhosos, vaidosos. São homens apegados às virtudes. Esses me divertem mais ainda, porque acreditam ser melhores do que os outros, por serem virtuosos, mas se esquecem de que o virtuosismo é algo muito além disso, esse é o falso virtuosismo, o virtuosismo feito para impressionar. São homens viciados na autoimagem de virtuoso, viciados no "desapego", fazem de tudo para sustentar essa imagem. Estão sempre julgando, pesando e avaliando o outro, que é sempre "pecador", diante de sua santidade virtuosa.

Muitos são considerados santos, sustentam essa imagem por uma vida inteira, são santos de barro ou de pau oco. Um dia vão se deparar com Caronte, o barqueiro, que leva as almas deste mundo para o outro, passarão pelas portas de Obaluaiê, depositarão seus corações nas mãos de Maat, ao lado de Omolu. Conhecerão a Justiça de Xangô e a Lei de Ogum, verão que a pena de Oxóssi, empunhada por Thot, anotou todas as suas ações, e que tudo o que importa é quais sentimentos moveram cada uma de suas ações, e não a ação em si. Descobrirão que cada situação da vida é uma encruzilhada e que eu estou em todas as encruzilhadas.

Eu, ORIXÁ EXU, chego com um poder que não pode ser dominado, apenas compartilhado. Não posso ser controlado, apenas aceito. Não posso ser manipulado, apenas posso ser agradado. E a única forma de me agradar verdadeiramente é com suas virtudes junto de respeito e reverência. Nada me agrada mais que o virtuosismo humano, nada me agrada mais que atender a quem me chama para ajudar seu semelhante. A estes, eu sirvo com amor e satisfação. Na qualidade de Orixá, não faço nada por obrigação. Sou vigor e vitalidade, o que me move e estimula são o desejo e o prazer. Coloco todo o meu poder, força e vitalidade na casa das virtudes. Ali eu assento o meu mistério, na alma, no espírito, na mente e no corpo das virtudes.

O virtuoso é sempre alguém de coração tranquilo, pois não alimenta expectativas nem espera recompensas. O virtuoso, de fato, é o forte que não necessita se autoafirmar. O virtuoso é o forte de fato. O virtuoso é alguém que simplesmente é o que é e não pretende ser nada além de si mesmo. O virtuoso é realizado e pleno. O virtuoso ocupa todo o meu mistério em si mesmo, com a sua plenitude. Quando isso ocorre, todos os outros mistérios da criação se equilibram em seu ser, todos os Orixás o abençoam, amparam e guiam suas ações. Nenhum Orixá trabalha de forma isolada, nenhum ser existe de forma isolada, tudo está ligado. Tudo está ligado a mim, tudo está ligado a tudo e todos, tudo é UM, todos somos UM. EU SOU UM com o Virtuoso. Toda esta banda do lado de cá passa a ser UM com aquele que se oferece como instrumento das virtudes. Eu o abençoo, eu o amparo, eu o guio, eu o protejo. EU SOU ORIXÁ EXU.

Verdade x Dualidade

A real dualidade deste mundo está entre o que é real e o que é ilusão, justamente porque bem e mal, certo e errado, são conceitos muito relativos. E se tem uma lei que agrada a Exu é a Lei da Relatividade, que fundamenta cientificamente meu comportamento controverso perante o "Uni-Verso".

EU SOU ORIXÁ EXU. Dizem que faço o bem e faço o mal; no entanto, aqueles que assim afirmam não sabem realmente a diferença entre bem e mal, entre certo e errado. O bem e o mal são concepções exclusivamente humanas. Faço, sim, do certo o errado, e do errado o certo. De uma forma muito simples retiro o véu que cobre seus olhos. Esse véu podemos chamar de ego, algo que todos possuem em maior ou menor grau e que distorce a maneira de ver o mundo. Por isso, dizemos que muitos podem enxergar o mundo, mas poucos podem ver realmente o que está à sua frente. **Cada um vê o que quer, cada um vê o mundo como um espelho e reflexo de si mesmo, e o torto vê um mundo torto.**

Todos estão embriagados com seus pequenos desejos e apegos. No fundo, todos sabem que podem ser muito mais do que estão sendo, mas isso dá muito trabalho, lutar contra o que já está estabelecido como certo, bom, bonito, direito, elegante, educado, normal e, claro, igual. **O diferente é sempre o errado, o igual é sempre o certo, e não importa o que faz bem e o que faz mal.** Não importa se o que é considerado certo vive na mentira, importa que ele é igual e, portanto, não representa uma ameaça. Já o diferente, mesmo que esteja na verdade, representa uma ameaça, ele ameaça a morte de nossas mentiras. Em muitos casos, a regra é a mentira, a exceção é a verdade.

A mentira é um "Diabo" velho com o qual todos já estão acostumados, todos sofrem com ela, mas já se acostumaram tanto que ela vem pintada de verdade, é o "Diabo

pintado de ouro". **Costuma-se dizer que é melhor um "Diabo" conhecido que um "Diabo" desconhecido e, por isso, muitos têm medo de se aventurar na verdade, com medo de outros "Diabos".** EU SOU ORIXÁ EXU, e quando apareço diante desses senhores acostumados com seus velhos e conhecidos "Diabos", sou então chamado de "Diabo", porque algo totalmente outro, totalmente desconhecido só pode ser o "Diabo", não o velho, mas um novo "Diabo". Mas a verdade é que é em si o "Diabo" para quem vive na mentira e reza, colocando a mentira no altar ao lado do seu Deus temido e castigador. O "deus conveniente" que tem o mérito de ter criado o moralismo social.

EU SOU ORIXÁ EXU, sou a verdade e, por isso, sou chamado de senhor da dualidade, neste mundo da mentira. Por isso, se diz que Exu faz o certo virar errado e o errado virar o certo; por isso, jogo hoje a pedra que acertou o alvo ontem; por isso, sou a dubiedade, a ironia, a contravenção. Porque a verdade sempre está na contramão deste seu mundo, no mundo da ilusão. A verdade é sempre considerada mentira, pois quem, afinal, vive na verdade? Os poucos que vivem sua verdade, sem pudores, são crucificados pelos demais.

EU SOU ORIXÁ EXU, sou a verdade nua, crua e rasgada, represento o que assusta e dá medo aos homens. Represento a quebra de todas as máscaras, represento o abandono de qualquer personagem assumido, represento a destruição do ego, represento o poder real e absoluto, o poder de ser apenas você mesmo.

Repressão

EU SOU ORIXÁ EXU e tenho muito que dizer, depois de milênios de repressão, de valores criados e cultuados por cleros e monarquias interessados na manipulação da massa; o que subexiste neste mundo são mentes escravizadas.

Culturalmente, vim da África, no coração de homens fisicamente escravizados, mas de mente e alma livres. Quando sacerdotes católicos, escravos de suas doutrinas limitadas e limitadoras, castradas e castradoras, reprimidas e repressoras, me conheceram, o que eles viram foi um Deus livre, feliz, alegre, viril, forte e amante do prazer que a vida dá. Esses senhores e todos os outros representantes de uma sociedade dominada por sua filosofia medíocre entenderam que se tratava do Diabo. **Exu só podia ser o tinhoso, o capeta, o belzebu, o coisa-ruim, e sabe por quê? Porque eu represento tudo o que sempre quiseram ser, ter e fazer, e nunca tiveram coragem.** Condenaram ao inferno todos os prazeres e alegrias da vida, simplesmente porque uma pessoa livre de toda essa repressão não precisaria de seus sacerdotes ou de sua doutrina distorcida, nem se submeteria ao seu poder secular. Pessoas livres, que vivem o prazer e a alegria de estarem vivos, têm a oportunidade de procurar e encontrar mais da vida que apenas obedecer. Pessoas de espírito livre vão ao encontro do sagrado de forma natural, mística e transcendente. São pessoas que descobrem a magia que existe por trás da aparente monotonia de suas encarnações. **Essas pessoas livres descobrem que o divino e o sagrado habitam dentro delas e não nas paredes do templo.**

Sempre haverá senhores e escravos, sempre será assim. Ontem, monarquia e clero direcionaram a escravidão humana de acordo com a cor da pele; hoje, política e consumo levantam templos à imagem e às grandes indústrias manipuladoras da massa.

Conceitos e valores invertidos. No passado, escravos eram esses senhores, considerados nobres e poderosos, escravos de seus sentidos, pobres escravos de sua sede por dominar, pobres senhores ricos e escravos de sua moeda, de sua carne e consciência. A todos eu assisti e os acompanhei em sua queda, após o desencarne, e quantos não receberam ajuda justamente de seus escravos, agora homens livres no mundo astral, onde a diferença entre senhor e escravo está no quanto dominamos ou somos dominados por nossos instintos e desejos. **Para mim, Exu, só existe um tipo de escravo: aquele que escraviza a si mesmo nos grilhões de seu ego**. Correntes de dor, sangue e lágrimas que prendem a cada um de seus escravos nos abismos de suas almas. Presos em todos os seus melindres, em seus desamores, em seus traumas e fobias, escondem as desculpas perfeitas para continuarem escravos, submissos e amedrontados. Hoje continua igual: poucos dominam muitos. Os escravos da alma, sedentos por poder sem limites, manipulam a massa e dominam os meios de comunicação e a política. Grandes indústrias, grandes marcas, grandes e efêmeros poderes deixam sua marca em um mundo em que todos querem ter e possuir coisas e pessoas. A regra é competir com o outro; poucos podem ver que a única vitória é a conquista de si mesmo. A melhor conquista são atributos e virtudes internas que poderão libertá-lo das únicas amarras que vão além do peso de sua matéria.

Quem melhor do que eu conhece você? Quem melhor que Exu conhece seu eu? Quem apresenta você a você mesmo como um espelho?

O homem tem medo de ficar nu, tem medo de despir-se de suas bugigangas, tem medo de jogar por terra seus títulos, tem medo de abandonar sua identidade temporal, tem medo de ser apenas mais um homem, mesmo sabendo que por mais que faça não passa de um homem. É o único animal que deseja ser outra coisa, o homem é o único ser que quer ser Deus, o homem despreza a si mesmo em sua natureza humana. É esse homem que procura o divino em detrimento do humano e que não enxerga que divino é ser humano. Não vê que o mais humano dos humanos é divino e sagrado. Não entende que a carne é sagrada, que o corpo é sagrado, que seus amores deveriam estar no altar. Por medo de ser quem é, o homem deseja ser algo inalcançável, deseja ser um Deus distante de tudo que faz parte de sua realidade. E ele cria esse Deus à imagem de tudo o que ele, o homem, não é. Cria um Deus que faz tremer, um Deus tremendo em seu poder de castigar e fascinante por ser inalcançável. Um Deus que assusta e dá medo, um Deus que faz ter mais medo do que todos os outros medos que já possui, para assim ser mais uma vez escravo e obedecer a um senhor que vê, observa, vigia, controla, fiscaliza o tempo todo. Um senhor que coloca medo por meio da ameaça de ir para o inferno. E daí surge o medo de não agradar: não agradar a Deus, não agradar a seus pais, não agradar aos parentes, não agradar aos seus amigos, não agradar à sociedade, não agradar aos desconhecidos. O medo de não agradar leva a maioria dos seres a se comportar como mais um que faz o que todos fazem; tentam o tempo todo ser uns melhores que os outros. E a maior ironia em tudo isso é que tentam ser melhores repetindo padrões, tentam ser melhores que o outro ao qual aprenderam a ser iguais. Nunca pensam em ser melhores do que si mesmos. Não se dão conta que ser melhor começa justamente no momento em que desistem de ser melhores do que todos os outros, seus iguais. Lutar para ser melhor, lutar para se destacar, lutar para ter poder, é isso que iguala a grande maioria. A luta, a guerra, é sempre uma ilusão, e o que alimenta essa ilusão é o medo.

 O medo de se libertar gera a autorrepressão, o medo de enfrentar sua verdade o faz reprimir a verdade do outro, o medo de mergulhar em suas trevas e de conhecer suas fraquezas e sua força, escondidas abaixo de sua sombra, o faz ver trevas e maldade em todos os lugares. Reprimir seus monstros e demônios internos o faz criar monstros e demônios em tudo que ameaça derrubar seu muro de ilusão e proteção. A repressão é sua zona de conforto, o desconhecido é um demônio e a vida já perdeu todo seu encanto, magia e graça. Tudo é cinza e sem cor nesta realidade reprimida e distorcida.

Busque com todas as suas forças a liberdade para sua alma e sua consciência, liberte-se de si mesmo, de suas amaras para, afinal, descobrir quem é você. Curve-se diante de mim, em reverência, bata cabeça e demonstre seu respeito. Faça as pazes com suas trevas interiores, com sua sombra e alma, e conte com meu amparo, com minha força e poder à sua esquerda. Podemos vencer todas as guerras e batalhas, mas primeiro vença a si mesmo, vença tudo aquilo que o reprime, tudo que o oprime e tudo que lhe dá medo.

EU SOU ORIXÁ EXU e prezo a liberdade de todos os seres. Daqui assisto à escravidão de tantos que pensam estar servindo a algum senhor e que, no fundo, servem apenas a seus valores mais baixos e mesquinhos. EU SOU ORIXÁ EXU e não faço questão de estar em nenhum altar; prefiro estar no chão, quem quiser chegar a mim, curve-se nesse mesmo chão, mas antes dispa-se de seus valores invertidos e conte comigo para superar seus medos e vencer sua ilusão. EU SOU ORIXÁ EXU e faço questão de ajudá-lo a superar todos os seus medos, afinal o medo é sempre uma antecipação daquilo que ainda não existe. O medo é ilusão, assim como as dificuldades e a dor podem ser reais; o medo é apenas uma forma de fugir da realidade sem olhar de frente para suas dificuldades. O medo distorce e inverte tudo que poderia torná-lo um ser humano melhor. Coragem, siga seu coração, tenha fé, esperança e tome consciência do potencial divino que existe dentro de você para ajudá-lo a vencer a si mesmo. EU SOU ORIXÁ EXU e venho para ajudá-lo a vencer seu maior inimigo: você mesmo. **A melhor forma de vencer um inimigo é tornar-se seu amigo; torne-se amigo de si mesmo, faça as pazes com você, perdoe seu ego, abrace suas trevas, ilumine suas sombras e mergulhe fundo em sua própria alma. Descubra quem é você! Quem sou EU? EU SOU ORIXÁ EXU!** E você? Já sabe quem é você?

EXU é ORIXÁ

Negro, Africano, Nagô, Iorubá

Orixá Exu

Não há Verdade Absoluta

Segundo a socióloga Oyèrónké Oyěwùmí, mulher negra, nigeriana, pertencente à cultura iorubá, tronco cultural de origem do Orixá Exu, no livro "A Invenção das Mulheres" é dito que esse Orixá, assim como os demais, não possui identidade de gênero na origem antiga, milenar e ancestral de seu culto, os deuses eram vistos como anteriores ou acima da questão de gênero, masculino e feminina, tão humana.

Exu, assim como Olorum (Deus), não é nem macho ou fêmea, podendo ser cultuado de uma forma agênero ou por intermédio de um aspecto que pode ser masculino e feminino ao mesmo tempo, como aparece em alguns cultos africanos em que se apresenta por meio de duas imagens, uma masculina e outra feminina, podendo ainda se mostrar como masculino para uns e feminino para outros. A autora fala do quanto a construção de uma sociedade machista colocou Exu em um lugar exclusivamente masculino, representante apenas da virilidade do macho, simbolizada por seu porrete fálico, o Ogó.

Os conceitos de Oyèrónké são enfatizados na tese de doutorado em Ciências da Religião da Dra. Claudia Alexandre, *Exu Feminino e o Matriarcado Nagô: Indagações sobre o Princípio*

Feminino de Exu na Tradição dos Candomblés Yorubá-Nagô e a Emancipação das "Exu de Saia", na qual apresenta Exu de Saia, um feminino de Exu, presente tanto em cultos africanos como, de forma muito velada, em alguns Candomblés, como Colodina. Em sua tese de Mestrado em Ciências da Religião, publicada em livro, a autora também cita o culto de Exua pelo saudoso Pai Francisco da Oxum, quando à frente da Escola de Samba Vai-Vai, na qualidade de líder e orientador espiritual.

Essa informação logo aqui no inicio do texto é para nos trazer a consciência de que sabemos pouquíssimo sobre as Divindades, muitos têm certeza de ser estudiosos e entendidos sobre o assunto Exu e, ainda assim, nunca ouviram falar de Exu Mulher, Exu de Saia, Exu Feminino. Eu mesmo, até a primeira edição deste livro, *Exu não é Diabo*, a única coisa que ouvia é que o par feminino de Exu é Pombagira, ou que Pombagira é um Exu Mulher, também chamadas de Lebára em alguns terreiros, o que também é um dos nomes de Exu, corruptela de Elegbara.

Ao estudar sobre Orixás, evite conclusões absolutas ou conceitos inflexíveis, Orixá se mostra de uma forma em determinada cultura e tempo, e de outra maneira em outro contexto, outra religião ou espiritualidade. Não existe a visão certa ou a visão errada. Os Orixás estão vivos na natureza, na realidade astral, divina, e também em nosso corpo, mente, espírito, emoções e alma. Orixá se amolda à nossa visão de mundo para se fazer compreender dentro do contexto de cada um, acolhendo a partir de nosso ponto de vista o que mais é possível neste relacionamento. Por isso, pode-se relacionar com Orixá num culto africano pela filosofia de Ifá; por um culto afro-brasileiro como o dos Candomblés; pela Umbanda Afro-ameríndia; pela Santería Cubana; e tantos outros cultos que dão diferentes cores e sabores neste relacionamento.

Esta dualidade feminino e masculino do Orixá Exu pode ser observada facilmente a partir de textos e cultos para o Orixá Oxumaré, Orixá do Arcoíris, que para algumas pessoas é seis meses feminino e outros seis meses masculino. O mesmo se observa para Logunedé, filho de Oxóssi com Oxum, que traz características do pai e da mãe ao mesmo tempo, assim como Odudua, Orixá da Criação, e Olocum, Orixá do Mar, são divindades masculinas para uns e femininas para outros.

Não apenas com Orixás acontece este fenômeno, em outras culturas, como também a cultura de línguas bantu, que permeia Angola, Congo e Cabinda, de onde vem o culto aos deuses chamados Inquices, que correspondem aos Orixás, há o Inquice Pambunijila, muito semelhante ao Orixá Exu, que passou a ser considerado o feminino de Exu nas antigas Macumbas.

Nas antigas Macumbas, como realidade religiosa afro-brasileira de base cultural bantu, o culto aos Inquices (Deuses Bantu) se mistura ao culto dos Orixás, junto a conceitos espíritas, esotéricos e católico popular. O que chamamos de Macumba, como ritual religioso afro-bantu que permeava o Rio de janeiro nas décadas de 1920 e 1930, era uma pluralidade heterogênea de diferentes práticas bantus, nas quais havia o método de incluir muitos deuses, doutrinas e filosofias diferentes em sincretismos para juntar forças, como quem aumenta a própria energia e capacidade espiritual, ampliando panteões e saberes que se complementam. Ali, naquela realidade, o culto aos Orixás passa a se realizar sincretizado, ou milongado, no linguajar bantu, com os Inquices como forças da natureza, cultuadas de forma muito simples.

Depois da Revolta dos Malês em Salvador, em 1835, muitos iorubás migraram da Bahia para o Rio de Janeiro. Assim, o culto aos Orixás passa a ganhar destaque nas Macumbas em que antes predominavam os deuses bantus, Inquices. Por isso, Orixás passam a ser cultuados na maneira bantu de entender as divindades como forças da Natureza, de um culto muito simples, o que vai predominar na forma de a Umbanda cultuar Orixás, bem diferente da raiz ancestral iorubá que predomina nos grandes candomblés baianos, por exemplo: Casa Branca, Gantois ou Ilê Axé Opô Afonjá.

Ali na Macumba, o Orixá Exu encontra a Inquice Pambunijila e juntos, na encruzilhada, onde recebem suas oferendas, vão se encontrar com ancestrais africanos de cultura bantu, bacuros, que representam o espírito de um homem poderoso em sua magia e habilidade em afastar o mal, assim como sua parceira, ou "companheira", uma mulher forte, indomada, dona de si, que empodera outras mulheres a assumir sua vida e desejos, além de ensinar homens a ver e respeitar a mulher nesta sociedade machista. Este espírito humano ancestral masculino, poderoso, passou a ser chamado pelo nome do Orixá Exu, surgindo o conceito da entidade Exu; sua companheira passa a ser chamada de Pombagira, corruptela de Pambunijila.

Com o tempo, parte da Macumba negocia valores com a sociedade machista cristã e se faz validar como Umbanda Africana, a outra parte da Macumba, que não sucumbe a valores mais moralistas e hipócritas da sociedade, torna-se a Kimbanda. Dessa forma, as entidades Exu e Pombagira se tornam Rei e Rainha da Kimbanda para, aos poucos, ir aparecendo também nas Umbandas Branca, Africana, Esotérica e tantas outras mais.

Após a década de 1990, com títulos psicografados por umbandistas, tendo iniciado com *O Guardião da Meia-Noite*, de Rubens Saraceni, a Madras Editora populariza as entidades Exu e Pombagira com o *status* de Guardião e Guardiã de seus médiuns e dos trabalhos espirituais de Umbanda. Dessa forma, as sessões de Exu e Pombagira aos poucos vão se firmando e distanciando-se do medo e do preconceito que havia antes, mesmo dentro da própria Umbanda, com essas entidades que agregam valor único na vida de seus médiuns. Exu, além de proteger, de representar muito poder, ajuda seus médiuns a conhecer seu masculino e a própria sombra, assim como Pombagira também protege, possui muito poder de realização, e ajuda seus médiuns a conhecer melhor seu poder feminino e seus desejos mais íntimos manifestados a partir da alma.

Com estas breves palavras, podemos ter uma ideia de onde vem algumas confusões entre Orixá Exu e Entidade Exu. Até bem pouco tempo atrás, nos meios umbandistas, era dito que Orixá Exu existia apenas para o Candomblé, recentemente surgiu um movimento de integrar o culto ao Orixá Exu na Umbanda, o que também se inicia com uma obra de Rubens Saraceni, *Orixá Exu*, publicada em 2008 pela Madras Editora. Aos poucos, umbandistas vão incluindo o culto ao Orixá Exu dentro de uma metodologia ritualística muito simples e umbandista, assim como o Inquice Pambunijila dá lugar ao neologismo Orixá Pombagira, como divindade feminina que faz par com Orixá Exu, para esta realidade sincrética e aculturada nos terreiros que seguem a filosofia e a doutrina de Umbanda. Sobre o início do conceito Orixá Pombagira, podemos citar a obra do mesmo autor, Rubens Saraceni, *Orixá Pombagira*, publicada pela Madras Editora, no mesmo ano de 2008, embora o conceito Orixá Pombagira já apareça na obra de Tata Tancredo, na década de 1950, representando um seguimento da Umbanda Omoloco, uma Umbanda Africana de base bantu, herdeira das Macumbas que sucumbiram ou simplesmente se ressignificaram como Umbanda ou Kimbanda.

O autor, médium, sacerdote, criador da Teologia de Umbanda Rubens Saraceni é fundamental para entender a popularização e a desmistificação das entidades Exu e Pombagira dentro das realidades afro-brasileiras, em geral, e na Umbanda, em específico.

Origens de Exu

O culto ancestral aos Orixás na África Iorubá se dá de forma diferente do que é conhecido no Brasil. Algumas divindades (Orixás) são cultuadas por toda a terra dos iorubás. Outras são particularmente reverenciadas nesta ou naquela região. Assim, a divindade prioritariamente cultuada em determinada localidade, como Oxum em Osogbo, por exemplo, torna-se a líder do panteão local.[7]

Ogum tem culto em Irê, Xangô em Oyó, Oxalá e Odudua em Ifé, Oxum em Osogbo, Logun Edé em Ijexá, Iemanjá em Abeokuta, Oxóssi em Kêto, Oxumaré tem em Mahi, antigo Daomé. Ainda assim há de observar uma migração de Deuses, algo muito comum em diversas culturas, Iemanjá tem seu culto de origem entre os Egbá, em uma região entre Ifé e Ibadan, no rio Iemanjá; posteriormente, os Egbá migram para Abeokuta e o culto à Iemanjá passa a acontecer no rio Ogum.[8] Nanã Buruquê é Deus, o Ser Supremo, entre os Ewe e os Fon do Benin, absorvida pelos Egba, passa a ser cultuada como divindade menor, Orixá, entre os iorubás, onde perde o *status* de Ser Supremo.[9]

Há famílias dedicadas a este ou aquele Orixá, são cultos familiares a Exu, Iemanjá, Ogum, Logun Edé, alguns Orixás são mais populares e seu culto se estende a outras regiões e

---
7. Fonte: Ribeiro (1996, p. 132).
8. Fonte: Verger (2002, p. 190).
9. Fonte: Ribeiro (1996, p. 156).

diversas famílias, no entanto, não é comum um culto como acontece nos Candomblés ou nas Umbandas para diversos Orixás ao mesmo tempo. A construção de um culto a diversos Orixás aqui no Brasil se dá em virtude de a escravização trazer pessoas de etnias, cultos e regiões distintas da África Iorubá, agora unidas em um mesmo local de sobrevivência de um povo e gênese dos cultos afro-brasileiros.

Sobre o local de origem do culto ao Orixá Exu, segundo Pierre Verger:[10]

> Seu lugar de origem é impreciso. No Daomé, segundo Bernard Maupoil, diz-se que "era um homem que se tornou Vodun em Ijelú, na região de Ayo, a alguns dias de distância de Ilê Ifé, isto é, na Nigéria". Trata-se, sem dúvida, de Ijebu. Em Ijebu, segundo Onadele Epega, dizem que ele foi posto no mundo, em Ilê Ifé, por Olojá, e se teria tornado o primeiro rei de Ketu (Ala Ketu) e ancestral do primeiro rei dos Egba. Em Ilê Ifé, segundo Frobenius, acredita-se que ele tenha vindo do leste; nesta localidade far-se-ia uma distinção entre Exu, cujo culto se pratica sobretudo no norte, e Elegba, divindade fálica do sul, com o qual Exu teria tendência a identificar-se. Segundo o padre Baudin, seu templo principal situa-se em Woro, perto de Badagris. Ellis, finalmente, indica que sua principal residência seria em Igbeti, em uma montanha perto do rio Níger [...].

Na extensa região de cultura iorubá, o culto a Exu está presente em quase todas as localidades, há um Exu para cada Orixá e, também, há Exu que guarda as casas e as cidades. Mesmo as famílias que cultuam outros Orixás têm seus fundamentos com Exu de alguma forma. Nas construções mitológicas ou doutrinárias, Exu aparece como o dono do Axé, Alaxé, sem ele

---

10. Verger (1999). Notas sobre o culto aos Orixás e Voduns, p. 122.

os outros Orixás não manipulam Axé; é o dono dos Ebós (oferendas), sem ele as oferendas não chegam aos outros Orixás. Em algumas tradições e no jogo de búzios, Exu responde como Ojixé, o mensageiro dos outros Orixás, sem ele não há comunicação com as demais divindades Orixás.

Ilê Ifé desponta como cidade sagrada onde teve início a sociedade iorubá, por meio de Oxalá, Odudua e Exu. Acredita-se que Odudua era irmão, esposa ou irmã de Oxalá, este se embriagou por obra de Exu, dessa forma, Odudua criou o mundo, cabendo a Oxalá criar os humanos.

São muitos os mitos que relatam a criação de formas diferentes, em alguns, Oxalá criou o mundo, em outros, perdeu o saco da criação para sua esposa, ou sua parte feminina na criação, Odudua. Dentro de uma cosmologia iorubá, o todo se divide em uma Cabaça da Criação, Igbadu, separada em parte de cima e parte de baixo: a parte de cima é Orum (Céu), criado por Oxalá; a parte de baixo é Ayê (Terra), criada por Odudua. Assim, Oxalá e Odudua formam as duas partes da criação, o eterno masculino Oxalá unido ao eterno feminino Odudua.

A importância de Odudua vai além das mitologias, alguns autores o identificam como herói civilizador, o qual veio da região do Egito, vale do rio Nilo, e se torna o patriarca da civilização iorubá, que se estabelece em Ilê Ifé e dá origem à grande civilização iorubá. Segundo Síkírú Sàlámi (Prof. King) e Ronilda Iyakemi Ribeiro:

> Foi Odudua quem unificou as povoações num reino sediado em Ilé-Ifé, cidade até hoje reconhecida pelos iorubás como sendo o local do início do mundo e sua pátria espiritual. Após a morte desse patriarca o reino foi dividido entre seus filhos, aos quais foi atribuída a criação dos vários subgrupos iorubás [...].
>
> Mesmo sendo impossível precisar com exatidão a origem de Oduduwa ou separar seus feitos míticos dos

fatos históricos ou, ainda, saber se ele encontrou as terras de Ilê-Ifé previamente povoadas ou não, todas as interpretações iorubás o apontam como grande patriarca deste povo. Os reis locais, que governam cada um dos subgrupos, creem ser seus descendentes diretos, o que apenas por si constitui e legitima sua realeza, mantida através de um sistema de sucessão imutável há vários séculos.[11]

Oduduwa aparece como este patriarca, como Orixá primordial, nas mitologias que narram a gênese Iorubá.

Exu também é considerado, por alguns autores, o primeiro rei de Keto, Alaketo. No entanto, é nos relatos da filosofia Ifá e nas mitologias que Exu ganha destaque como primeiro Orixá, ou um entre os três primeiros, considerado um dos Orixás primordiais, criado diretamente por Olofin, Olorum ou Olodumarê, diferentes corruptelas para identificar o Ser Supremo Iorubá.

Ney Lopes, no excelente livro *Ifá Lucumí*, apresenta parte da filosofia de Ifá, da forma como sobreviveu em Cuba, e mostra um mito da criação do mundo no qual Exu desponta como anterior a tudo:

> No princípio só existia a escuridão total, onde morava Exu-Elegbara. Dentro dela, havia um núcleo de Luz, ar e água, onde morava Olofim. Então Olofim resolveu fazer o tempo caminhar, dando origem, assim, a um número infinito de baixas vibrações, para tecer o Universo. Depois, soprou com força; e das partículas de seu hálito formaram-se as estrelas e os sistemas planetários. Quando Olofim criou as estrelas, a escuridão total se iluminou. Então Exu-Elegbara perguntou a Olofim quem ele era. "Eu soou Olofim", respondeu o Ser Supremo. "Eu vi que a escuridão que nos rodeia não

---

11. King e Ronilda (2011, p. 24).

fornece base para a plenitude da existência. Por isso, resolvi criar a Luz, para que a vida possa florescer e ficar bonita." Exu-Elegbara, embora reclamando por ter perdido o espaço que ocupava, concordou com Olofim e resolveu colaborar em Sua tarefa, ajudando a formar, fazer crescer, transformar, comunicar, desenvolver, mobilizar, resolver todos os impasses, achar todos os caminhos necessários e auxiliar os seres humanos e as entidades espirituais em suas atribuições. Em seguida, Olofim criou Olodumare e Olorum, entregando ao primeiro o domínio dos espaços e, ao segundo, o domínio da energia. Esses dois tornaram-se, então, os senhores do Universo, que compreende nosso sistema solar, a Terra e a Lua. Olofim é, assim, o aspecto criador por excelência, causa e razão de todas as coisas, a personificação da Divindade, aquele que se relaciona diretamente com os Orixás e os homens. Olodumare é o Universo com todos os seus elementos, a manifestação material e espiritual de tudo quanto existe na natureza. Olorum é o Ser Supremo – força vital e energia impulsionadora do Universo, manifestada através do Sol que aquece e ilumina. Então, Olofim criou Odudua, Obatalá e Orunmilá, que seriam os benfeitores da futura humanidade.12

Essa é uma das lendas mais lindas que já vi sobre a preexistência de Exu sobre todas as outras divindades. Sua presença anterior a tudo também me remete à forma como Rubens Saraceni pontua o mesmo Orixá Exu na cosmologia umbandista como anterior a tudo, senhor do vazio, que antecede a criação.

Rubens Saraceni psicografou um texto inspirado, *Orixá Exu*, publicado pela Madras Editora, sobre uma Cosmologia Umbandista, a partir dos Orixás como estados da Criação, em

---

12. Ver Lopes (2019, p. 117-118).

que no início, quando só havia Olorum, existia apenas o nada como campo das intenções do Orixá Exu, no interno da Criação que é em si Olorum.

A partir do nada, Olorum cria a realidade externa a si mesmo como um vazio que é, em si, a criação do Orixá Exu e seu domínio (Vazio), para logo após ocupar esse vazio com a plenitude de Oxalá, surgido o espaço onde toda a Criação será manifestada. Essa Gênese da criação em Rubens Saraceni me parece bem próxima do mito de Ifá narrado por Nei Lopes, com estruturas de linguagem e conceitos próprios. Nesse olhar teológico da obra de Rubens Saraceni, cada Orixá é a individualização de diferentes estados, qualidades, atributos e atribuições no Criador Olorum, na criação e na sustentação de mundos e realidades. Assim, Oxalá é o espaço, Logunã o tempo, Iansã quem dá movimento à criação, Ogum a Ordem, Xangô, Equilíbrio, Oxum quem agrega as forças e os elementos, Oxumaré quem colore os mundos, Obaluaiê quem transmuta tudo, Nanã quem decanta as realidades, Oxóssi, o expansor, Obá, a concentradora, Iemanjá, o poder criador e gerador em si, Omolu, o fim de cada coisa criada, Exu, a vitalidade da criação, regendo os limites externos, e Pombagira, a alma ou o interior de tudo na criação. Dessa forma, todos os Orixás participam da criação em aspectos diferentes, bem como participam de nossas vidas. São ainda os Orixás associados a vibrações e elementos agrupados nas sete irradiações do Criador. Vibração da Fé: Oxalá no espaço e Logunã no tempo; Amor: Oxum e Oxumaré no mineral; Conhecimento: Oxóssi e Obá no vegetal; Justiça: Xangô e Oroiná no Fogo; Lei: Ogum e Iansã no ar; Evolução: Obaluaiê e Nanã Buruquê na terra, e Iemanjá e Omolu na água.

Assim, de formas diferentes, ambos os autores identificam Exu anterior a tudo na Criação, sem o qual esta não poderia se manifestar.

Segundo Prof. King e Ronilda Iyakemi Ribeiro, em *Exu e a Ordem do Universo*:

> O primeiro Orixá criado por Eledunmare foi Exu, chamado de Irawo-Akoda, *Primeira estrela a ser criada, Primeiro e ser criado, O filho maior, Aquele que vinga mais ou que será maior que os outros, Modelo para os demais*. Lembremos também que Eledunmare atribuiu a Exu duas imcumbências: favorecer o fluxo da força dinâmica dos demais orixás e inspecionar os rituais. Sem o seu axé torna-se impossível o fluxo de axé de qualquer outro orixá. Ou seja, Exu detém o poder de tornar possível, a cada orixá, a manifestação de seu axé específico.
>
> Para melhor compreender as relações entre Exu e os demais orixás, lembremos que na sociedade iorubá a hierarquia é fundamental, competindo ao mais velho conduzir os outros. O culto aos orixás, também baseado num sistema hierárquico bem definido, onde cada peça ocupa seu lugar, determina que Exu seja cultuado em primeiro lugar.
>
> Criado para ser o alaxé, guardião, mensageiro, portador e transmissor de axé dos orixás e dos ancestrais, Exu é responsável por sua perpetuação. Por esse motivo, em todo ritual é necessário evocá-lo antes de qualquer outra divindade, para que transmita o axé da oferenda ao orixá que está sendo cultuado.[13]

Existem muitas outras lendas e mitos que explicam por que Exu é o maior dos orixás, o primeiro dos orixás, o mais respeitado dos orixás, o mais grandioso e complexo orixá.

Há ainda encontros e desencontros entre Orixás, Voduns e Inquices, divindades das culturas Iorubá, Fon e Bantu. O orixá

---

13. King e Ronilda (2011, p. 298).

Exu tem como correspondente o Inquice Aluvaiá e Pambunigila, assim como o conhecido Vodum Légba.

O autor Mawó Adelson de Brito, que faz parte da Liturgia Savalu, situada na região do Benin, explica que essa localidade e cultura africana: cultua os Voduns do Daomé e também cultua as entidades divinizadas Nagô-Vodum que são Orixás cultuados como Voduns. Brito, no título Exu, cita rituais nagô-vodum, que caracterizam "Candomblés Jeje-Iorubá-Nagô", os quais sincretizam o Vodum Légba com Exu Elebara, de tal forma que pode afirmar que Exu Elebara é Vodum Légba. Afirma o autor que: Exu é conhecido entre os povos fon da região onde ficava o antigo Daomé pelo nome de Léba: o Deus que conhece todas as línguas faladas por todos os seres existentes no espectro cósmico – de Deuses a humanos. Só ele conhece a língua que o binário criador do universo Mawu-Lissa, o Deus da Criação, fala e, por isso, Léba é o linguista de Mawu. Para figurar esta posição de Léba, Adelson conta uma lenda, um mito (Itan) em que:

> Léba foi o sétimo e último filho do casal divino, os Voduns Mawu e Lissá. Muito mimado e o preferido de Mawu, sua mãe, Léba não quis sair de perto dos pais amorosos, e a convivência permitiu que o caçula aprendesse todos os idiomas e soubesse de tudo que se passa na vida da humanidade. A cada um dos filhos Mawu ensinou uma língua diferente para que usassem em seu próprios domínios. Com o tempo, as muitas demandas e atividades, os Voduns foram esquecendo como fazer para se comunicar com Mawu e apenas Léba, que nunca havia saído de casa, lembrava da língua materna e das outras. O resultado disso foi que para se comunicar com as forças criadoras, os Voduns e a humanidade passaram a precisar de Léba para intermediar a comunicação. Léba então passou a estar em todos os lugares

para levar e trazer mensagens, passando a ser o único capaz de abrir os Portões Sagrados, levando as orações, os agradecimentos, pedidos e oferendas. Esse Vodum é o regente do dom da palavra e da comunicação.[14]

Esse mito nos faz lembrar o quanto Exu Elebara e Léba Legba são considerados os grandes comunicadores que levam as mensagens da humanidade aos demais Voduns e Orixás e vice-versa. Ao mesmo tempo, vemos uma lenda na qual Léba é filho mais novo do Criador-Criadora de tudo e de todos. Essa jovialidade de Léba nos faz lembrar ainda Eleguá, que nos cultos afro-cubanos é Exu enquanto criança de Olodumarê. Eleguá, em sua pureza, é sincretizado com menino Jesus e, dessa maneira, revela aspectos da força primordial de Exu em sua arte brincante entre mundos e universos que nos habitam. As facetas de Exu são muitas: se, por um lado, pode ser o mais jovem, faz surgir o mais velho Papa Légba nos rituais afro-haitianos conhecidos como Voodoo. Papa Légba ou Papa Lebá é o mais velho dos Exus, o mais respeitado, mostra-se muito parecido com um preto-velho, carregando em uma mão o cajado que liga os mundos superior e inferior, um molho de chaves, que abre todas as portas da criação, e vem vestido com uma camisa xadrez vermelha, branca e preta; é o nosso avô ancestral, com todo o poder que o primeiro desta linhagem deve ter.

Sincretismos com demônio e preconceitos da cultura ocidental com relação à cultura africana tornaram muito desafiador trazer para perto, de uma forma mais íntima, o culto ao Orixá Exu e, por consequência, da entidade Exu. Vindo de outra cultura, que detém valores bem diferentes da cultura judaico-cristã, com outra estrutura moral, em que não há pecado, demônio ou inferno, o comportamento livre, transgressor e incontrolável de Exu assusta os modelos religiosos e espirituais tão apegados à ideia de santidade que povoa as mentes mais puritanas

---
14. Brito (2018, p. 13).

de religiosos e espiritualistas, apegados à concepção única de ascensionar à luz virando as costas para a própria sombra, bem como à sombra coletiva das diversas comunidades de que fazem parte.

Exu Orixá vem de uma cultura não dualista, não maniqueísta, na qual os deuses trafegam pelas realidades totalitárias do ser humano, que transcendem a dicotomia luz e trevas, céu e inferno. Orixá Exu, assim como a entidade Exu, nos identifica como seres inteiros diante de nossos vícios e virtudes, de nossa luz ou trevas, de leitura tão ocidental. Transcender a nós mesmo, vencer nossos desafios, sem terceirizar a responsabilidade de nossas vidas a demônios ou obsessores, é algo presente na relação com Exu. Vemos algo muito parecido em outras culturas milenares, como Shiva para o hinduísmo, no qual a divindade nos conduz a vencer todas as dificuldades sem demonizar nossas dificuldades tão humanas. Compreender nossas sombras, desafios, ego, vaidade, traumas, bloqueios, dores e ressentimentos é um caminho seguro, quando o caminhante da vida conta com a força e o poder de realização de divindades como Exu ou Shiva, assim como as entidades Exu e Pombagira nos conduzem nesta jornada de nos autoconhecer como seres inteiros, não duais, para vencer e conhecer tudo que opera nas fontes inesgotáveis de nossos chacras básico e sexual, que correspondem a construções ilusórias do inferno pessoal de cada um, que esconde nossos vícios e defeitos, os quais se tornam um poder maior realizador na vida quando assumimos quem somos por inteiro.

Não se trata de se entregar a prazeres mundanos, fazer valer o ego e a vaidade, mas de manifestar a potência máxima de sua alma no mundo, purificando o que não é você, indo ao encontro de realizar seu propósito de vida, ao viver estes valores a partir de quem você é e além de qualquer doutrina castradora ou moralista. Ao assumir seus propósitos e desejos mais íntimos, a partir de sua essência, há uma liberação de tudo o que antes estava bloqueado para apenas ser sua essência no mundo. Então, tudo o que era antes negado como uma parte negativa de seu ser passa a ser integrado em uma plenitude, na qual nos reconhecemos como puro amor que brota da alma, dando um sentido visceral para nossas vidas, como uma espiritualidade selvagem que faz reconhecer quem somos, além de qualquer doutrina, dogma ou adestramento de nossos corpos no mundo. Viver os valores de sua alma muitas vezes o coloca num lugar transgressor em relação a muitas tradições, que têm por objetivo nos diminuir e controlar como cordeiros adestrados no teatro de máscaras num mundo de ilusões, quando na realidade somos leões, reis e rainhas de nossos mundos particulares. O poder de realização de Exu em nossas vidas nos traz de volta essa realeza, em realizar um propósito maior na vida a partir de quem somos por inteiro, dando sentido para a existência e sentindo que estamos vivos de fato, ao vencer o medo de ser quem somos no mundo, cocriando nossa própria realidade além dos modelos castradores de pessoas para as quais este mundo foi construído, na base do medo e do terror da vida e da morte. Exu é seu mestre neste caminho de se tornar-se mestre de si mesmo, diante do reino de sua própria existência.

Exu Indecifrável

"Decifra-me ou devoro-te."

Exu, indecifrável, devorou o mundo para depois devolver um outro mundo. Para entender Exu é preciso, antes, aceitá-lo indecifrável, curvar-se, reverenciá-lo e entregar-se, para ser devorado por ele, que lhe devolverá outra pessoa, outra consciência no mundo, já um outro mundo.

Para entender Exu, é preciso transgredir o que parece tão certo, transgredir crenças limitantes, paradigmas empoeirados, rasgar as verdades únicas, cânones engessados e dogmas arcaicos da realidade ocidental, em suas zonas de pseudoconforto, agressivas e desfragmentadoras do ser. É necessário tirar as máscaras do Ego, ir ao encontro do *Self*, buscar em sua alma o espelho límpido que reflete sua luz em direção à sua sombra. Exu é este espelho da alma, que lhe devolve para si, empoderando o seu ser no mundo.

Para entender Exu, necessita-se saber que existe sempre outra verdade, verdades plurais, em pluralidade de mundos, diversidade de saberes, que não se opõem, não se chocam, não se confrontam, mesmo quando apontam direções e mundos diferentes.

Entender que nem sempre será possível compreender é um bom começo.

Saber que a nossa razão humana não dá conta de explicar ou compreender o todo é um estado de consciência necessário.

É preciso "outra cabeça" para ir ao encontro de Exu! Uma cabeça que não seja tão racional, linear, reta, temporal, literal, escrita, apolínea, socrática, dialética, maniqueísta, polarizada, binária, ocidental, canônica, dogmática, eurocêntrica, colonizadora, opressora, etc.

Exu vem de outro mundo, de um mundo antigo, ancestral, ATEMPORAL, africano, negro, pré-judaico-cristão, natural, espiral, cíclico, dionísico, atemporal, integral, liberto, transcendente, etc.

Antes de entender Exu de outro lugar, é preciso se auto-entender de outra forma no mundo e compreender o mundo de outro local.

Exu nos entrega mais perguntas que respostas:

"Que inferno?" "Quem é o outro?" "O que é nós?" "Quem somos nós?" "Quem somos nós outros?" "Quem é o outro do outro?" "Quem pergunta?"

Se não houver resposta, é Exu!

Exu é o primeiro filósofo da humanidade, não destes que dão perguntas e respostas, ou novas respostas para antigas perguntas. Exu dá pergunta que não tem resposta, e resposta que não cabe em nenhuma pergunta.

Exu não é para ser entendido ou compreendido, apenas para ser aceito ou não.

Todos os conceitos que nós criamos em nossa mente sobre Exu são limitantes, e Exu não conhece limites. Entender é compreender, é comprimir para caber em seus limites de mundo, deixar pequeno, do tamanho da sua razão.

Explicar é racionalizar, é adequar à sua razão de mundo.

Exu Controverso

Exu faz parte de uma outra cultura. É desafiador, para o ocidental, entender Exu, é preciso desconstruir a própria cultura, desconstruir quem você é!

Para quem quer aprender, poucas palavras bastam, para quem não quer aprender, nenhuma palavra serve!

Exu desconstrói verdades absolutas e conceitos limitantes, ordena transgredindo e transgride ordenando.

Exu questiona todas as certezas, questiona tudo que está acomodado, desafia a prepotência, derruba a arrogância, escarnece a soberba e dinamiza o que está estático.

Exu é dinâmico e é dinamismo para o mundo, não aceita convenções, regras e dogmas limitantes, retrógrados, negativos, assentados em algo agressivo como o ego, a vaidade e a arrogância.

Exu questiona o comodismo naturalizado; questiona a naturalização de realidades distorcidas; transgride as ordens mal estabelecidas; questiona os conceitos, mais básicos, que parecem postos incontestáveis de realidades ilusórias; questiona até o que parece dado real e concreto como tempo e espaço, por exemplo, questiona todas as tentativas de segurança por meio do controle de vidas e realidades.

Exu representa quebra, transgressão, desordenação, ele detona com esta ordem imposta a partir de um modelo único de mundo, como o único certo.

Exu não se curva a uma ordem perversa de mundo, por isso ele é automaticamente considerado Diabo, é um satã, aquele que se opõe ou questiona o modelo de mundo que nos agride.

A cristandade, em sua maioria, não aceita que possa haver outras formas de ver, viver e existir, além de seu modelo único de luz, beleza e pureza. Por isso é excludente, e demoniza qualquer tentativa de outras realidades, demoniza o pluriverso em detrimento do universo.

Exu desafia a razão e a ilusão deste mundo; desafia a arrogância e a petulância das certezas humanas; desafia o poder do ego mal estabelecido no mundo, por isso ele fala e comunica por meio do impossível. Em algumas lendas e músicas de Orixá Exu, na cultura milenar iorubá, é dito que:

"Exu nasceu antes da mãe".
"Exu faz do certo o errado, faz do erro o acerto".
"Exu traz azeite de dendê na peneira sem derrubar uma gota".
"Exu acertou ontem com a pedra que atirou hoje".
"Exu senta na pele de uma formiga".
"Exu de pé não passa da altura da fogueira; Exu sentado bate a cabeça no teto".
"Exu está na rua e está dentro de casa ao mesmo tempo".
"Exu cuida da porta de entrada e da porta de saída ao mesmo tempo".

Laroyê Exu! Acorde, Exu está aqui e este é o momento do despertar! Exu Mojubá! Alafia!

Exu nos coloca de frente com nós mesmos, Exu nos coloca de frente com nossas ilusões...

Exu ensina que existe outro mundo, outro olhar, outra forma de ser e existir.

É possível ver outro mundo, para isso é preciso esvaziar o velho mundo em você. Exu é o vazio, sempre pronto para novas realidades, novos conteúdos, tudo absorve de novo, engole mundos, devolve e ressignifica realidades.

Exu absorve os contrários sem se opor, por meio da terceira cabaça sempre, a terceira via, a encruzilhada, o centro do mundo de Exu, o centro de um novo mundo.

O centro só é centro quando está em todos os lugares; o centro que rejeita a periferia não é centro, o centro do mundo exusíaco,[15] exuístico, é plural, é um pluriverso.

Exu serviu Oxalá por 16 anos como cambone, e continua servindo como mensageiro – Ojixé. Isso não o diminui, não o faz subalterno, ele é o maior e mais poderoso dos Orixás.

Poderoso – Elegbara – é quem serve e não quem quer ser servido!

Servindo a todos, Exu é servido por todos em primeiro lugar, por isso se diz: "sem Exu não se faz nada!"

Exu ensina que a origem de tudo é uma pedrinha miudinha chamada Yangui.

Exu ensina que essa pedra é pequenina do tamanho do mundo e, ao mesmo tempo, é gigante, do tamanho de uma partícula subatômica!

Exu ensina que ele é essa pedrinha miudinha, anterior a tudo, grande e pequena ao mesmo tempo.

Ele é Yangui que nasceu antes da mãe, uma vez parido por ela, ele comeu tudo, comeu toda a criação e comeu a mãe. Exu foi partido em infinitos pedaços por seu pai, Exu fugiu do Pai e se multiplicou em infinitos Exus pelos nove Oruns, e após haver um Exu para cada ser dos Oruns, Exu regurgitou de volta todos os mundos, agora com a vitalidade de seu Axé, devolveu a Mãe e todos os seres que habitam o Ayê. Para tudo na criação existe um Exu, e tudo que tem vida conta com a vitalidade de Exu a dar o movimento aos corpos, chamados de Bara.

---

15 O conceito de exusíaco e cruzo aparece na obra Fogo no Mato, de Luiz Antônio Simas e Luiz Rufino.

Sem Exu nada existe, só restaria o vazio, que também pertence a Exu. Mesmo que nada exista, Exu existe.

Ao confrontar África e Ocidente, È ù na África e Exu no Brasil, podem surgir outras afirmações nesta encruzilhada de culturas e valores diversos, como:

"Exu sacraliza o profano e profana o sagrado".

"Exu fiscaliza transgredindo e transgride fiscalizando".

"Exu traz o caos para a ordem e ordena o caos".

"Exu ensina desaprendendo e desaprende ensinando".

Exu dos Mil Nomes

Òrìṣà Èṣù é a primeira divindade criada por Olorum, primeira testemunha, primeira estrela Èṣù Àkọ́dá. Quando Orixá Oxalá é criado, Òrìṣà Èṣù já existe e está na encruzilhada de mundos, Èṣù Oníbodè está na fronteira entre Orum e Ayê. Quando Oxalá passa sem lhe fazer oferenda, quebra a ordem do Ebó, Èṣù Ẹlẹ́gbára usa seu poder para dar uma lição em Oxalá e cobrar a ordem.

Oxalá se estabelece no Ayê para modelar, criar os seres humanos do barro, Èṣù Oníyangí aparece como primeiro ser criado da Laterita, ele é o ancestral Èṣù Àgbàlàgbà que vai morar com Oxalá por 16 anos, Èṣù Ìkóríta mẹ́tà ganha de Oxalá a encruzilhada e passa a fazer morada ali como Èṣù Onílé Oríta.

Ninguém chega a Oxalá sem passar por Exu na encruzilhada, ninguém chega a Oxalá sem fazer oferenda a Òrìṣà Èṣù, ele se torna Èṣù Èlèbọ, dono do Ebó, dono da oferenda, é o dono do Axé, Èṣù Aláṣẹ, ele quem permite, fiscaliza e dá movimento ao Axé.

Por tudo isso e muito mais, Òrìṣà Èṣù passa a ser bastante respeitado como Èṣù Láàlú, ele é a honra que guarda a comunidade, é exaltado como Èṣù Ọ̀dàrà, maravilhoso e benevolente. Ao mesmo tempo, ele é Èṣù Ọlọ́pà, que guarda e protege a morada de Oxalá, o mundo e suas comunidades.

Òrìṣà Èṣù ganha nomes e surge como Rei venerável nas comunidades; Èṣù Ọbasin em Ilê Ifé; Èṣù Alákétu, o Rei de

Ketu; Èṣù Ijẹ́lú guarda a cidade de Ijelú em Ekiti; Èṣù Alàré guarda a porta do templo de Ifá, em Òkètaṣẹ̀; Èṣù Àkẹsán guarda o mercado de Akesan em Oyó; Èṣù Pànàdà guarda a nação Isoló em Lagos. Cada cidade, templo ou nação têm seu Òrìṣà Èṣù particular como Rei, Guardião, Protetor, Líder, Comunicador.

Òrìṣà Èṣù, por sua capacidade de guardar e fiscalizar a troca, o comércio, torna-se dono do mercado, de todos os mercados. Ọjà, o mercado, é onde tudo acontece na comunidade iorubá, Èṣù Ọjà regula trocas, encontros, compra, venda; no mercado, por meio do relacionamento, também acontece a comunicação, a informação com Èṣù Láàróyè, o comunicador que deve ser lembrado sempre.

Òrìṣà Èṣù é dono do mercado, de comunidades, casas, templos e da rua, ele é Èṣù Ọlọ́nà, o dono da rua, é dono de tudo que alcança, guarda e regula com seu axé, é dinamismo.

Orumilá visita Oxalá, vê Òrìṣà Èṣù na porta e quer ele como filho. Òrìṣà Èṣù nasce com muita fome e passa a comer tudo que a boca come, ele é Ẹnu Gbáríjọ, come toda a criação e come a mãe. Seu pai, indignado e enfurecido, com uma espada o corta em milhares de pedaços pelos nove Oruns, dessa forma, Òrìṣà Èṣù se multiplica em muitos, ele se torna milhares representado por milhares de pedras Iangui.

Òrìṣà Èṣù devolve toda a criação e se torna o melhor amigo de Orumila, passa a representar a mensagem de todos os orixás no oráculo Ifá de Orumilá, ele é Èṣù Òjíṣé o mensageiro dos Orixás. Em outra lenda, cada um dos orixás deu um pedaço da própria boca para Exu falar em nome de todos, falar por todas as bocas para todes e para Olorum.

Ele é Èṣù Olòrúkopúpò, é um único Orixá com vários nomes e, ao mesmo tempo, ele é muitos. São muitos Òrìṣà Èṣù e um único Òrìṣà Èṣù, que se manifesta ou se mostra de maneiras diferentes, com diversos nomes, muitos epítetos, apelidos, nomes qualificativos ou referenciais.

Exu assume funções diversas com nomes específicos para cada uma delas, para seus atributos, atribuições, suas características ou nomes utilizados para louvá-lo.

Em uma relação de intimidade, recebemos apelidos de amigos, colegas, amores e parentes. Chama-nos de bebê, pequeno, grandão, forte, malandro, bonito, chorão, duro, careca, cabeludo, mirrado, moleque, ancião, queridão, palhaço, encrenqueiro, pacificador, bondoso, benevolente, negociador, ligeiro, ligeirinho, lento, assim também Exu recebe nomes, que são Exus diversos e qualificativos de louvor ou evocação.

Esses nomes são oriki, que passa a ser uma forma de evocar, de rezar, de chamar por meio de suas qualidades, junto a palavras de saudação e louvor a suas qualidades e características.

Essa questão é tão controversa quanto o próprio Òrìṣà Èṣù, ao mesmo tempo é um e é muitos.

Embora possa parecer estranho ao leigo, no universo religioso ou espiritual ancestral, é possível ver algo semelhante em muitas outras culturas e tradições.

Eu gostaria muito de falar e dar exemplos sem citar a cultura judaico-cristã. No entanto, creio que é a cultura que a grande maioria de meus leitores conhece, por uma razão histórica, vamos dialogar ainda nos textos e leituras entre Exu, África e racismo.

Vejamos o Deus católico: é considerado três em um, uma única pessoa que se manifesta como Pai, filho e Espírito Santo. Esse é um bom exemplo para entender como pode ser um único Òrìṣà Èṣù e muitos ao mesmo tempo.

Em várias culturas, é comum evocar os diversos nomes de Deus, com reza, mantra, magia, e a conexão com as qualidades que cada nome revela.

Na Cabala Hebraica, existem as 72 potências de Deus, por meio das quais se evocam como nomes sagrados qualidades, mistérios ou arcanos de Deus. É comum cantar esses nomes, escrevê-los, acender vela e pronunciá-los, assim como os diversos nomes de Deus, El, El Elion, El Shadai, Elohin, YHWH, Iavé, Adonai e outros.

No Islã se reconhecem os 99 nomes de Alá no livro sagrado Corão, e cada um deles evoca também algo que se busca alcançar por meio da grafia e de recitar o nome. Há verdadeiras obras de arte com esses nomes e sua pronúncia também implica um ato de devoção, assim como repetir o nome Alá em si é considerado de grande potência mística.

No Hinduísmo, cantam-se e se repetem os nomes sagrados das divindades e suas saudações por meio de mantras. Ao pronunciar um nome sagrado, ele está em você, aquela potência divina habita e se manifesta quando seu nome é pronunciado em forma de canto ou mantra. Por intermédio desses cantos, os devotos entram em transe muitas vezes.

Em todas essas culturas, a diferença entre falar e evocar está na forma como se pronuncia, está na reverência, no poder que se emprega a palavra cantada ou rezada.

Chamar por meio de cantos ou reza como mantra é a chave de conexão com as divindades e seus mistérios. Não seria diferente na cultura africana nagô iorubá, na qual epítetos, nomes e qualificativos de Exu evocam, além de ensinamentos qualidades, virtudes, força, axé, atributos, atribuições, mistérios, potências que queremos trazer para nossas vidas.

Assim, muitas rezas iorubá são Oriki, formadas por nomes, nomes de louvor, epítetos, saudações, atributos e atribuições de Exu.

Algumas rezas em iorubá são bem conhecidas por estar presentes nos rituais do Candomblé no Brasil, também por aparecer em algumas gravações de músicas. Ou o simples recitar dos nomes com as saudações já é reza e canto, se couber ritmo e melodia.

A saudação básica a Exu é:
Laroyê Exu!
Exu Mojuba!

Laroyê é uma saudação, um chamado ao comunicador, aquele que deve ser louvado. Mojuba é um cumprimento que reconhece que Exu é grande, algo como: "Eu me curvo, reconheço, reverencio seu poder, sua força". Podemos saudar três vezes, bater paô, palmas, três vezes, e soprar três vezes o fumo para Exu, diante de sua firmeza, e já estaremos o reverenciando, respeitosamente.

Pode ser saudado também com a expressão, em iorubá:
Èṣù ma ṣe mi
(Exu maá she mi)
Exu me livre da aflição!

Pode-se seguir a mesma lógica anterior de saudação.
É possível iniciar pedindo licença, Agô, para o dono da casa, Ilê:
Agô, Agô, Agô, no Ilê Agô

Saudando o fogo e o dono do fogo:
Iná Iná Iná Mojubá

E seguir cantando e saudando Exu por meio de seus Oriki, nomes, saudações, chamados, referências e pedidos.

Exu Ensina

Òrìṣà Èṣù – Orixá Exu – possui centenas de nomes, epítetos e características na língua e na cultura iorubá. Entre os Orixás, é quem possui a maior quantidade de nomes. Importante lembrar que esses nomes do Orixá Exu não têm nada a ver com os nomes das entidades Exu que incorporam em seus médiuns na Umbanda. Por isso observe e não crie expectativa de incorporar uma entidade Exu com um dos nomes do Orixá Exu, existe uma ou outra exceção, como Marabô e Tiriri, na grande maioria dos casos, esses nomes não fazem parte da identidade de nomes das falanges de Exus já consagrados na Umbanda, como Tranca-Ruas, Tranca-Gira, Tranca-Tudo, Sete Encruzilhadas, Sete Correntes, Sete Catacumbas, Sete Porteiras, Sete Covas, Sete Montanhas, Maioral, Capa Preta, Caveira, Tatá Caveira, Exu do Lodo, Exu do Fogo, Pinga Fogo, etc.

Ao iniciar o estudo sobre Òrìṣà Èṣù, fiquei completamente encantado com o fato de que cada nome ou característica revela um aprendizado, e ensina algo relevante sobre a identidade, a personalidade e os aspectos desse amado, respeitado, adorado Òrìṣà Èṣù.

A quantidade de nomes, bem como as contradições entre autores, é tão grande que precisei pedir ajuda ao meu querido amigo, irmão, Babá Mario Filho, sacerdote de Umbanda Omolocô no Terreiro Pantera Negra, iniciado em Ifá na Nigéria, feito no Candomblé no Brasil. É a pessoa mais dedicada e estudiosa da tradição iorubá que conheço e tenho a honra de ser amigo, há muitos anos.

Depois de algumas conversas e correções de nomes e conceitos de Èṣù, Babá Mário nos presenteou com um vídeo no YouTube (Mario Filho – Tradição), explicando e dando grafia e pronúncia iorubá correta aos principais nomes do amado Òrìṣà de todas as Encruzilhadas entre mundos, vidas e realidades. Isso foi e é essencial para este estudo.

A escrita em português está por minha conta, assim como a construção do conceito "Exu Ensina" por meio metafórico de aprendizado, além da interpretação de nomes ou características como forma de ensinamento.

Dessa forma, o que houver de bônus iorubá pertence ao meu querido amigo Mario Filho; quanto a possíveis erros de interpretação, fica por minha conta.

A essência deste texto consiste em reconhecer que os diferentes nomes de Exu revelam muito sobre sua identidade, sobre o que tem relevância na cultura iorubá e o que Exu mostra como aprendizado de si mesmo para seus devotos.

A seguir, são indicados alguns nomes em iorubá, uma possível pronúncia em português, tradução de significado etimológico ou sentido expresso, seguido do que considero ensinamento por meio do que o nome evoca de importância, consciência ou aprendizado:

Èṣù Olòrúkopúpò (Exu Olórunkopupô): o dono de muitos nomes, ensina que Exu é múltiplo, plural, é um e é muitos ao mesmo tempo. Possui a capacidade de se mostrar de formas distintas em diferentes situações. Ensina a arte da resiliência e adaptação diante das mudanças, ensina que a vida, a existência, é dinâmica, e ele é o próprio dinamismo.

Èṣù Àkọ́dá (Exu Akodá): a primeira estrela criada, o primeiro Exu a ser criado, ensina a respeitar, reconhecer e reverenciar quem chegou primeiro, quem veio antes, quem já estava ou esteve antes de nós. Respeitar, reconhecer e reverenciar Exu, primeiramente e sempre.

Èṣù Oníyangí (Exu Oniyangui): Exu dono da pedra Yangui, Laterita Vermelha. Ensina que Exu se assenta em base sólida, que seu axé é tão palpável quanto a pedra, que tem uma ligação forte com a terra, que nossa casa se assenta em pedra. Ensina que Exu é uma força bruta, não lapidada, primordial, irregular e primeira, assim como a laterita. Também é conhecido como Exu Iangui no Brasil.

Èṣù Ẹlẹ́gbára (Exu Elebará): o poderoso, dono do poder mágico, ensina que o axé, poder de realização, é transmitido por meio do respeito à hierarquia, com humildade, reconhecimento e reverência a quem pode mais. Não basta ter respeito, é preciso demonstrar! Axé só existe ao respeitar de onde vem o axé, o que vale tanto na hierarquia do terreiro quanto na vida.

Èṣù Àgbàlàgbà, Èṣù Àgbà (Exu Agbá): Exu, o ancestral, o mais velho, ensina a honrar sua ancestralidade. Tudo que foi feito antes de você, foi feito por amor a você, honre e reconheça seus ancestrais. Reconheça a África como berço ancestral da humanidade e Exu como representante primeiro dessa ancestralidade.

Èṣù Àgbọ (Exu Agbô): Exu, o velho, representa o ancião, é ele quem protege e guarda os ancestrais. Assim como Exu Agbá, também ensina respeito aos mais velhos e à ancestralidade. Ensina que morte não existe para Orixá ou seus filhos, que vivem na eternidade e na ancestralidade viva. Este Exu costuma ser assentado junto aos Eguns ou ao culto de Egungun.

Èṣù Òdàrà (Exu Odara): o maravilhoso, o espetáculo, benevolente, aquele que faz o bem, que traz a felicidade. Ensina a ser feliz e benevolente, realizar-se com sua felicidade e a felicidade alheia, ser feliz com quem você é! Exu Odara é quem acompanha Orumilá e traz em sua cabeça toda a sabedoria do oráculo de Ifá.

Èṣù Ọlọ́nà (Exu Olonan, Exu Lonan, Exu Onan): o dono do caminho, dono da rua e muito mais, representa alguém que tem posses, um nobre, o dono de tudo por aqui. Ele ensina que cada um tem seu próprio caminho, um caminho não é melhor ou pior que o outro; todos os caminhos são sagrados e carregados de ensinamentos, caminho é sempre inacabado, não tem fim, a vida é caminho e não destino, caminho ou missão, é onde está seu coração. A arte de caminhar, da vida eternamente inacabada, sem fim.

Èṣù Òjíṣẹ́ (Exu Ojisé, Exu Odjixé): Exu Mensageiro ensina que ninguém fala com os Orixás sem falar antes com Exu. Ensina o respeito a quem leva e traz a mensagem, ensina o valor da mensagem aos Orixás. O mensageiro dos Orixás ensina que aquele que mais serve é o maior entre todos. O mensageiro não é menor que a mensagem ou que o remetente, respeite e receba o mensageiro como quem recebe, reconhece, o dono da casa, o rei, ancestral, senhor. O mensageiro não é subalterno, não é serviçal, não é empregado, muito menos escravo ou escravizado; ele é maior que tudo, maior que todos.

Èṣù Aláṣẹ (Exu Alaxé): Exu, dono do Axé, ensina que não há Axé sem Exu, que ele é o dono de todos os Axés, Exu Alaxé é quem libera o Axé para todos os homens e Orixás. É ele também quem reequilibra nosso Axé pessoal.

Èṣù Ẹ̀lẹ̀bọ (Exu Elebó): Exu, dono do Ebó, ensina a importância do Ebó, de fazer oferenda a quem se ama, com amor, dedicação e respeito. Tudo que se faz com amor e entrega aos Orixás é oferenda. O conceito de ebó transcende a ideia de "entrega de elementos"; ebó é comida, é compartilhar, é comungar, participar do Axé. A maior oferenda consiste em oferecer a si mesmo, o que você é e tem a oferecer de si é o que vale mais, no entanto, materialize e demonstre em ebó.

Èṣù Ọjà (Exu Ojá, Exu Olojá): o dono do mercado ensina a dinâmica da troca, ensina que a vida é troca, reciprocidade constante, equidade, equilíbrio, alteridade, ninguém está à venda. Na troca, não vale apenas o que você quer dar, vale o que o outro precisa também; da mesma forma, não vale só o que você quer receber, vale igualmente o que o outro pode dar. Cada um faz o que pode, cada um dá o que tem, recebe o que puder, a troca não é merecimento, nem ação e reação, muito menos lei de talião.

Èṣù Ìkóríta mẹ́tà (Exu Oritá Metá): senhor da encruzilhada de três caminhos, ensina tripolaridade como universo de possibilidades que vai além da dualidade de vida ou escolhas. A terceira via é como a "terceira margem" do rio, ninguém vê, mas ela está lá como universo de possibilidades. A dúvida é possibilidade de encantamento de vida e mundo. A encruzilhada (dúvida) é o centro do mundo infinito de possibilidades e escolhas. Descubra qual é o centro do seu mundo, onde está seu coração e as infinitas possibilidades de realização, de alma, no mundo da matéria.

Èṣù Onílé Oríta (Exu Onilê Oritá): Exu que tem morada, casa, na encruzilhada, nos ensina que todas as encruzilhadas pertencem a Exu. Exu está na encruzilhada, no centro do mundo, no encontro das mais diversas realidades. Na encruzilhada está o encontro do Ayê com o Orum, é o centro de possibilidades e escolhas para sua vida e destino. A encruzilhada representa liberdade, livre-arbítrio, milhares de escolhas e a importância de saber para onde quer ir ou aonde quer chegar. Como diz Lewis Carroll: "Para quem não sabe aonde quer ir, qualquer caminho serve", e não saberá quais escolhas tomar como decisão de vida. No entanto, o não saber também é lugar de criatividade e sabedoria, a dúvida, a incerteza, caminha junto ao mistério e ao encanto da vida. Muita certeza é desencanto e ignorância de mentes fechadas ao desconhecido.

Èṣù Láàróyè ou Ọláàróyè (Exu Laároyê): além de ser um cumprimento – Laroyê Exu – que evoca a qualidade de comunicador de Exu, também é um de seus nomes. Aquele que deve ser louvado, que deve ser lembrado, cultuado, adorado, reverenciado. Ensina a importância de louvar Exu sempre em primeiro lugar. Não confundir com Aláròyé, o comunicador.

Èṣù Láàlú ouỌláàlú (Exu Láalu): Exu que é a honra da cidade, a joia da cidade. Ensina o quanto é importante para uma comunidade reconhecer, reverenciar e exaltar o Exu que o ampara, protege, sustenta, etc. Ensina que cultuar Exu é manter o vínculo com a força e a nobreza ancestral que deve ser ponto de honra para todos.

Èṣù Ọlọ́pà (Exu Olopá): Exu, dono do cajado, esse é o nome pelo qual são chamados os guardas, os policiais, na Nigéria. Assim, esse cajado é um cassetete e este Exu é o mais próximo do conceito de guardião da Umbanda, daquele que guarda e protege pessoas e lugares, com a força do "cassetete opá". Olopá traz força de agredir ou frear uma agressão.

Èṣù Bara (Exu Bara): Exu maravilhoso, espetacular, incrível, incomensurável. Ensina a ver Exu em mais alta conta de qualidades e atributos. Ensina que temos Exu como exemplo, ideal e modelo de axé, vida e força. Orumilá também é chamado de Bara.

Èṣù Alájé (Exu Aladjé): Exu da riqueza, da prosperidade, da fortuna. Ensina a não ter pudor com o dinheiro (para os ocidentais), também ensina que ter prosperidade não é ter dinheiro, ser próspero implica dar valor ao que se tem, não desperdiçar, não banalizar a riqueza e prosperar em todos os sentidos. Ensina a abençoar o que temos, realizar-se com o que possuímos. Quem não se alegra com o que tem até isso vai perder; quem não tem nada e pragueja, vai perder o que não tem; quem tem muito, e abençoa, muito mais vai receber. Ser feliz e grato com o que se tem é maravilhoso e gera prosperidade. Sempre devemos abençoar a água que bebemos e sua fonte.

Èṣù Oníbodè (Exu Onibodê): Exu que está na fronteira entre o Orum (Céu) e o Ayê (Terra) é o Guardião da fronteira, da passagem, da encruzilhada entre esses dois mundos ou realidades. Ensina que ninguém transita entre este mundo e o outro sem passar por Exu. Ao encarnar e ao desencarnar, todos passam por Exu, mesmo os Orixás, ao passar do Orum ao Ayê, passam por Exu. Ensina também que as fronteiras entre mundos, limites, encontros são encruzilhadas de diferentes realidades. Ao passar de um mundo ao outro, desde uma realidade até a outra, devemos saudar, reverenciar e oferendar Exu. Até Oxalá deve oferendar Exu ao passar do Orum para o Ayê.

Èṣù Ẹlẹ́gbàá Ọ̀go (Exu Elegbá Ogó): Exu poderoso, que tem o cajado Ogó, ensina o poder que possui Exu de realizar e se impor com seu Axé. Traz todos os significados de Elegbará, Ologó e Olopá juntos.

Èṣù Ìjà (Exu Ijá): Exu da luta, do combate, que nos ensina a não desistir. Ensina como lidar com tranquilidade com as questões do dia a dia que muitas vezes se assemelham a uma luta diária. Ensina a enfrentar todas as situações que vierem com força e dignidade, ensina que não estamos sozinhos para enfrentar ou confrontar problemas e situações diversas.

Èṣù Àbìlù (Exu Abilu): Exu do ataque espiritual, ensina como lidar com inimigos, adversários agressivos e toda sorte de ataque e agressões de encarnados e desencarnados. Sua atuação tem muita relação com o universo onírico, simbólico e metafórico presente em sonhos ou realidades desdobradas a partir de estados de transe ou inconsciência.

Èṣù Àwúre (Exu Awúre): Exu da boa sorte, que traz e atrai coisas boas para si e para a vida. Ensina que ter Exu como amigo, companheiro, mestre traz muita sorte à vida, atrai tudo de bom, e que nossa postura diante de Exu e da vida ajuda na manutenção da sorte. Sorte é Axé e Axé é sorte em nossas vidas.

Èṣù Agúnbíadé (Exu Agunbiade): Exu belo como uma coroa real, ensina a realeza de Exu como nobreza, caráter, ética, e que são qualidades interiores que nos fazem belos. Não adianta querer ostentar uma coroa sem nobreza de espírito, alma e coração. Assim como nada vale uma beleza exterior, uma preocupação com a imagem, se não houver nobreza de alma. Essa é a beleza de Exu como uma coroa real.

Èṣù Àbèbì (Exu Abebi): Exu que ajuda a mulher a engravidar, ter um bom parto, tranquilo e suave. Aqui nosso irmão e sacerdote Mário Filho costuma dizer: "como pode acreditar que Exu é mau, se ele ajuda a mulher no parto?" Isso fica para nossa reflexão, cada um dos nomes de Exu revela suas características e nos ajuda a entender um pouco de sua personalidade.

Èṣù Olóògùn Àjísà (Exu Ologun Ajisa): Exu, o feiticeiro, que invoco quando acordo. Ensina a reconhecer o poder da magia e do feitiço em Exu, que deve ser o primeiro Orixá a ser reverenciado ao acordar. Também traz o sentido de acordar como despertar para uma realidade mágica e transcendente, a realidade de Exu. Ensina e evocar Exu ao iniciar qualquer projeto ou jornada na vida.

A seguir, estão alguns Èṣùs assentados em cidades, templos ou comunidades:

Èṣù Alákétu (Exu Alaketu): o Rei de Ketu, Exu assentado na cidade de Ketu.

Èṣù Alàré (Exu Alaré): Exu assentado na porta do templo de Ifá, em Òkètaṣẹ̀ – Ilê Ifé.

Èṣù Àkẹ̀sán (Exu Akesan): Exu assentado no mercado de Akesan, em Oyó.

Èṣù Ijẹ́lú (Exu Ijelú): Exu assentado na cidade de Ijelú em Ekiti.

Èṣù Ọbasin (Exu Obasin): o Rei que merece ser venerado, cultuado, assentado em Ilê Ifé.

Èṣù Gàngà (Exu Ganga): Exu assentado no rio Ganga.

Èṣù Pànàdà (Exu Panada): Exu assentado em Isoló – Lagos. Exu que tira os bloqueios do caminho.

A seguir, trago alguns epítetos, nomes de louvor ou características de Èṣù, apresentados pelo meu querido irmão na fé, Babá Mario Filho. Há uma diferença teológica entre "nome de Exu" e adjetivos de Exu, enquanto "nome de louvor", epítetos ou palavras que identificam características de Exu. Muitas dessas características de Exu se tornaram nomes de Exu no Brasil. Com esses epítetos, também podemos refletir o que aprender com o Orixá Exu. Mario ensina, igualmente, que os nomes podem ser construídos de maneira composta, formados de um nome e um adjetivo, criando uma enorme variação de outros nomes:

Igbá Kẹta (Igbá Ketá): Exu também é chamado simplesmente senhor da terceira cabaça, que ensina a superar todas as formas de dualidade ou binariedade representadas pelos conceitos do número dois. Além de masculino e feminino, dia e noite, positivo e negativo, o dois pode representar igualmente o maniqueísmo eurocêntrico que demoniza tudo que não é cristão, patriarcal, colonial, branco, linear em seu conceito limitante de universalismo. O três é a abertura ao infinito, ao pluriverso, a uma cultura transcendente.

Ọlọ́gọ̀ (Ologo): Exu dono do cajado Ogó. Em iorubá, cajado se chama Opá, Ogó é um cajado específico de Exu que lhe confere poderes, como se transportar a distâncias infinitas ou se movimentar no tempo, o que o faz acertar ontem com a pedra que lançou hoje. Esse cajado também tem o poder da guerra se for preciso, lembrando o conceito de "cetro de poder". Embora se fale muito desse cajado como algo fálico, esse conceito está mais presente na mente ocidental ao estudar a mitologia e seus símbolos comparados e o reconhecimento do vigor físico e da energia sexual de Exu, contra a quebra de pudores ou pecado católico cristão canônico com relação ao que há de mais natural no ser humano.

Ọlọ́gọ̀ Igbá Kẹta (Ologo Igbá Ketá): Exu, senhor do cajado de três cabaças, ensina que Exu possui três axés (branco, vermelho e preto) que correspondem a suas três magias, sua relação com o número três, mágico e multiplicador. Na cultura iorubá, o axé se divide em três. Axé quer dizer, também, não apenas "poder de realização", quem domina os três domina todas as forças da natureza, todas as forças e os elementos manipuláveis.

Ẹnu Gbáríjọ (Enubarijó): a boca coletiva ensina oralidade, o poder da palavra, do que entra e sai da boca, ensina quem come primeiro (Exu), ensina que Orixá Exu come tudo que a boca come. Ensina que na vida nos alimentamos de nossos próprios pensamentos, palavras e ações. Exu Enubarijó fala por todas as bocas, come por todas as bocas; come tudo o que a boca come e devolve em Axé para nossas vidas.

Aláròyé: o comunicador, ensina o poder da mensagem falada, a importância da palavra, da oralidade, do verbo e sua correta interpretação. Na cultura iorubá se reconhece o poder mágico das palavras. A palavra encanta ou desencanta o mundo, a palavra é ferramenta de magia, encantamento, feitiço e poder. Exu é o grande comunicador entre humanos e divindades.

Ajíbíkẹ̀ẹ́: aquele que é louvado quando acordo. Ensina que louvar Exu pela manhã, logo que acordamos, é o que há de melhor; que ao despertar para uma realidade maior, devemos lembrar de louvar Exu.

Ẹléjọ́: acusador, ensina que Exu não encobre falsidade e falta de caráter. Não peça a Exu para ajudar em mentiras e falcatruas que ele não é comparsa de crime ou maldade. Ensina a ser correto, ético, consigo e com os outros.

Olódimudi: comilão, faz lembrar Exu come tudo que a boca come e ele deve comer primeiro. Tudo que se come pode separar uma parte para Exu. Exu comeu o mundo e devolveu em Axé.

Kóntoki: o pequeno, o baixo. Ensina a não subestimar quem lhe parece pequeno. Faz lembrar que os melhores perfumes e os piores venenos estão nos pequenos frascos. O que lhe parece pequeno pode ser imenso e poderoso, tamanho é ilusão. Exu pode ser baixo ao estar em pé, gigante ao estar sentado.

Kónkóto: o pequeno, traz um mesmo sentido que Kóntoki.

Alègalèkúrú: que pode se tornar alto ou baixo, grande ou pequeno. Ensina a capacidade de se adaptar às diversas realidades, a ser grande entre os grandes, pequeno entre os pequenos; pequeno entre os humildes e gigante entre não humildes. Ensina a não julgar nem se apegar à ilusão de poder, cargos e títulos que podem lhe dar a falsa impressão de grandeza.

Gbèrè-gbèrè: o calmíssimo, que não se irrita. Ensina que aquele que tem poder, força e axé não perde o centro, o foco e a tranquilidade. Confie em Exu e mantenha sua calma em todas as situações.

Gbòngbò: a raiz, fonte, origem. Ensina que devemos buscar a fonte original se queremos entender de onde viemos ou de onde vem o objeto de nosso estudo. É que Exu é fonte original, provedor de saberes, conhecimento e axé para nossas vidas.

Takútakú: intrépido, destemido. Ensina a importância de termos coragem, de seguir o coração, de ir adiante, independentemente das adversidades, que é possível driblar todos os contratempos por meio de lógicas que desafiam o senso comum ou o que é estabelecido como norma de via única para se estabelecer ou conquistar algo.

Kóníbàjé: o indestrutível. Ensina sobre as potências de Exu diante de todas as dificuldades e seu poder em face de adversidades e adversários, na vida ou na guerra.

Lękunlágbè: o auxiliador, apoiador. Ensina que Exu está sempre disposto a ajudar e apoiar em nossas vidas e atividades diárias. Assim foi ao passar 16 anos na casa de Oxalá, auxiliando-o na tarefa de criar os humanos e em todas as outras. Assim foi ao se oferecer a Orumilá para o ajudar nas suas atividades de mensageiro e comunicador junto ao jogo de Ifá e no Jogo de Búzios (merindilogun).

Ọra: o buscador. Ensina que Exu lhe ampara na busca e no encontro de tudo que é necessário ao seu destino.

Aríwájú Réyìn: aquele que enxerga na frente e atrás, enxerga futuro e passado; que possui duas faces ou duas cabeças.

Onífẹ̀gẹ̀fẹ̀gẹ̀: aquele que é expansivo, lembra a qualidade Okoto. Ensina que o poder de Exu se expande ao infinito, alcançando tudo e todos.

Gbìràrí: libertador, ensina a arte do desapego, a libertar-se de crenças e valores limitantes, libertar-se de medo, culpa, raiva, remorso, arrependimento, mágoa e outras dores que nos prendem, seguram, estagnam.

Aláràán: dá riqueza, ensina a trabalhar nossos valores, nossa riqueza, a saber o que nos faz ricos no mundo, quais valores correspondem à riqueza, mas também como lidar com o que temos de riqueza material.

Ọlábìí: nasceu da riqueza, da honra. Ensina-nos que a natureza de Exu é próspera, é rica, e temos muito a aprender com isso.

Owólabìí: nasceu com dinheiro, com riqueza. Traz o mesmo ensinamento e reflexão que Ọlábìí.

Akínfẹ́miwá: traz honra por amor a mim. Exu nos ama e muito do que recebemos tem a ver com essa relação amorosa. Ensina que somos amados por nossos Orixás e Exu, em especial.

Jagun: guerreiro, nos ensina a arte da guerra, da estratégia, do jogo, do combate.

Ẹlẹ́rù: o temerário. Não confundir com Elérù, que recebe o pagamento pelo ebó.

Àbàtì: incoercível, incontrolável. Ensina que Exu não se vende por ebó ou oferenda; que ele não serve à nossa vaidade, ao nosso ego. Não podemos controlar Exu, ele é divindade e é consciência.

Bàkeré: paizinho, vem de Babá Kekeré. Ensina que Exu é Pai, querido e amoroso, quando sabemos como chegar e nos relacionar com ele.

Trago a seguir alguns nomes de Èṣù, Oriki, nomes de louvor e epítetos apresentados pelo sacerdote, nigeriano, iorubano, Prof. Dr. Síkírù Sàlámì (King), e sua coautora, Dra. Ronilda Iyakemi Ribeiro. Esses nomes estão na excelente obra *Exu: e a ordem do universo* (2011):

Àjígìdán-irin: aquele que é indestrutível, resistente, invencível, que não perde batalhas. Ensina a vencer as dificuldades com resiliência, que a vida é estratégia. Pode-se perder uma batalha, mas não a guerra, cada movimento bom ou ruim do olhar humano vai levar quem caminha com Exu a uma vitória certa, no sentido de que vitória é vencer a si mesmo na construção de vida e maturidade.

Alágógo-ìjà: Senhor do sino da discórdia. Esse nome ensina que Exu também é ordem, disciplina, estratégia, respeito, calma, tranquilidade, benevolência, responsabilidade. A ausência de Exu e de suas qualidades é o que causa discórdia, contrariamente de algumas interpretações que o consideram a própria discórdia ou divindade ambígua, sua ausência que pode causar desordem.

Àlàmùlámú-bata: este nome evoca o bom humor de Exu ao toque do tambor "bata", durante o toque, ele é chamado insistentemente por esse nome até acontecer o transe do iniciado. Ensina bom humor, dança, música, ritmo como formas de vida exusíaca ou exuística, próxima do dionisíaco, nos aprendizados e saberes de vida encantadas. Aqui vale as máximas: "danço logo existo", "canto logo existo", "toco logo existo", "me encanto logo existo", "vivo logo existo", "gozo os prazeres logo existo", como contraponto de Exu e do mundo negro africano ancestral milenar muito além da visão apolínea, ocidental, cartesiana, engessada, limitante do "penso logo existo", que se desdobra na via única de pensamento grego, patriarcal, canônico e científico como única forma válida de pensar o mundo, universal, eurocêntrico.

Alángájígá: Exu que apoia, dá suporte, protege a vida, o crescimento humano. Ensina que Exu está sempre disposto a amparar quem o reconhece e cultua com amor, respeito e ética na vida.

Alaorumo agongon oṣu: homem da estrada que dispara flechas de bondade.

Arábándé: Exu que chega e traz vigor para a vida e o corpo de iniciados e devotos. Ensina que Exu é vigor e vitalidade, sua manifestação e presença trazem vida para nossas existências em vigor e vitalidade. A presença de Exu é uma celebração à vida e ao Axé do vigor e da vitalidade.

Atèlé Ẹlẹ́dàá: Exu que acompanha o homem, não o abandona, concede sorte, prosperidade e ampara para um destino feliz, mostra o caminho e protege o seu Ori. Ensina que Exu nunca nos desampara, conhece nossa essência e o que é preciso para caminhar e se realizar, de acordo com o destino de cada um.

Atúká-màáṣeṣàá: Exu que quebra algo em pedaços que ninguém mais consegue juntar. Ensina a importância dos processos de mutação e transformação, em que se torna fundamental o desapego ao que se foi. Há coisas que não voltam atrás, como a palavra dita e a pedra lançada. Exu faz dobra no tempo e acerta ontem com a pedra lançada hoje, no entanto, quando ele quebra, ninguém junta.

Bará: Exu Rápido, Forte e Vigoroso. Ensina que Exu tem esse poder e essa capacidade em nosso corpo e nossa vida. Ensina a lidar com esse Axé em nossas relações diárias e na complexidade de situações do dia a dia.

Neste texto, vamos ver três interpretações para "Exu Bará": a interpretação do Babá Mario Filho, já descrita; a anterior, do Babá King; e a quem vem a seguir, de Juana Elbein dos Santos, que se populariza no Candomblé brasileiro.

Elégbègé Àdó: Exu que domina o poder do xamã, da magia, da feitiçaria, da medicina. Possuidor de inúmeros axés, pós, fórmulas, em suas inúmeras cabaças de poder. Ensina como manipular elementos, rezas, palavras, feitiços.

Èrú: o grandioso.

Igbá-Kejì-Elédùnmarè: assistente de Olodumare no Ayê, presença de Olorum no Ayê.

Ìwà: que tem caráter, virtudes, conduta e personalidade positiva.

Láafíyàn: chamado de Exu para questões especiais, desfazer confusão e tirar dúvidas.

Láàlú: o famoso. Exu que ensina a lidar com o próprio ego, a vaidade e a popularidade diante do reconhecimento, de seu próprio poder pessoal ou de ter um bom Ori na vida. Ajuda a harmonizar um líder e sua comunidade, e também a lidar com as expectativas alheias sobre seu poder pessoal.

Láarúmọ̀: Exu que ensina sabedoria na vida, nos caminhos, ensina a harmonizar e unir pessoas e caminhos.

Látọ́ọ́pa: Exu muito próximo de Olopá, ensina ordem, disciplina e obediência aos princípios de valores éticos.

Lọ́ọ̀gẹmọ ọ̀run: Exu que conhece e ensina a dinâmica de relações entre o Orum e o Ayê. Ensina que somos eternos, que há quem nos ama em todas as realidades, que Orum e Ayê são os dois lados de uma mesma realidade dinâmica e espiral, na qual tempo e espaço acontecem de forma cíclica e eterna. Fazemos parte desta eternidade em suas diversas realidades ao mesmo tempo.

Olòwò: Exu que ensina como trazer dinheiro, fortuna e prosperidade na vida. Ensina a importância de lidar com seu dinheiro, respeitando o que tem e as formas de conquistar sem acumular de modo avarento. Exu conquista valores multiplicando, circulando, movimentando e distribuindo fartura e prosperidade. A energia de Exu é contrária à estagnação ou à acumulação de avareza ou capitalismo puro e sem sentido maior na vida em que o axé deve circular.

Olùlànà: Exu que ensina como abrir e ter os caminhos abertos por meio, ensina que por intermédio de conhecimento e mudanças em nossas atitudes, conduta, comportamento, podemos mudar nossos destinos. Ensina que para essa mudança acontecer é necessário ampliação de consciência, disposição e vontade de mudar, além de pedidos e oferendas a Exu.

Onínú Fùfù: Exu que ensina como lidar com nossa impaciência, teimosia e incompetência. Ensina a reconhecer as próprias dificuldades. Coloca-nos de frente com nós mesmos, como um espelho, ele chega temperamental nos obrigando a ver o que tentamos ocultar em nossas sombras. Por isso se mostra com "personalidade forte".

Òrìṣà-ọlọ́mọ: Exu que ensina a fazer, trazer, criar, educar e proteger os filhos, iniciados e devotos. Ensina a ter e manter fertilidade, virilidade e vencer esterilidade em todos os sentidos.

Ọba Sùúrú: Exu rei da paciência, nos ensina a ter paciência como virtude fundamental na vida, a fim de ter e conquistar tudo de que precisamos em nosso destino. Paciência é também confiança, acreditar que em todas as dificuldades estamos amparados e conduzidos por Exu. Paciência é uma qualidade de nobreza e realeza da alma na carne, diante das adversidades diárias.

Ọkùnrin-gògòrò: homem alto.

Ọkùnrin-Kùkùrú: homem baixo.

Ọmọ-Ẹlẹ́bọ: responsável por encaminhar o Ebó.

Ọṣẹ́ẹ̀tùrá: é o amigo de Orumilá, ensina o valor da amizade e a disposição que tem um amigo em ajudar e amparar com rapidez e entusiasmo. É evocado para agilizar a entrega do Ebó a seu destino.

A seguir, dou continuidade com nomes que se tornaram populares no Brasil. Alguns podem ter se perdido na diáspora, outros foram surgindo, e ainda há, sempre, diferentes interpretações do que pode ser nome de Exu ou não, como veremos.

Exu Iná (fogo): ao acender uma vela a Exu, Iná − o fogo − já está lá, portanto, é comum saudar: "Iná, Iná, Iná Mojubá", ao acender fogo para Exu. Ensina a se conectar com ancestrais e divindades por meio do fogo. Ensina purificar, transformar, transmutar, aquecer, abrasar, iluminar a si e aos outros. Ensina o poder do fogo para comunicar sua reza, sua palavra, seu feitiço, tendo em vista que o mesmo fogo que aquece pode queimar.

Exu Bará: é o Exu pessoal, individual de cada ser que existe e de divindades. Seu nome pode ter vindo de Ba Ara − que se esconde (ba) no corpo (ara), Obá Ara − o Rei do Corpo, ou pode ser abreviação de Elegbará. Ensina a cuidar de si mesmo, cuidar do corpo como manutenção de axé, poder que dá dinamismo e movimento ao corpo e à vida. Tudo que existe tem seu Exu Bará, como vitalidade, força e movimento. Cada ser, cada bicho, cada Orixá tem seu Exu pessoal, Olorum tem seu Exu Bará. Tudo o que tem vida tem Exu, e onde está o corpo em movimento está seu Exu Bará. Essa interpretação aparece principalmente na obra de Juana Elbein dos Santos e Mestre Didi (2014), representando um olhar muito presente no Candomblé Baiano.

Exu Tiriri (Rápido): Tiriri quer dizer rápido, aquele que vem rápido, que realiza tudo de modo rápido e eficiente. Tiriri também quer dizer "venha rápido". No Brasil se popularizou o conceito que Tiriri quer dizer de grande força, valor e mérito, não deixa de ser, apenas não deve se confundir com uma possível tradução ou interpretação da identidade ou atributo Tiriri. Na Umbanda, é muito conhecido Tiriri Lonan como combinação dos dois nomes, o que faz parte natural da construção iorubá de nomes.

Exu Okoto (caracol): a espiral é infinita e cíclica, assim como a vida, o espaço, o tempo e Exu. Exu é esfera, espiral e vórtice. O caracol Okoto é uma concha de assentamento para Exu. No Brasil, também aparece como um dos nomes de Exu que ensinam o poder dele em se expandir a partir de um ponto infinitamente pequeno para o infinito no cosmos, no pluriverso, do Ayê para o Orum e vice-versa. Tempo é vida que se expande, cíclica e espiral. Podemos e devemos ser repetitivos com o saber, cada vez que ouvimos uma lenda já não somos os mesmos, muito menos a lenda ou mito permanecem estáticos. Eles se adaptam, se amoldam, transmutam, expandem, criam e recriam mundos, realidades, continentes, fatos míticos, lendas ancestrais, tradições, transgressões, pluralidade.

Exu Obá Sim (o Rei venerável): ensina a reverenciar ao Rei, a nobreza de alma, de caráter, curve-se e bata cabeça a ele, com sua verdade, com sua alma, com seu corpo. Não basta ter respeito, é preciso demonstrar no terreiro da vida e na comunidade, se não for possível, retire-se.

Exu Baba Exu (Pai Exu): ensina a ser Pai, ensina a ser filho, a respeitar o pai para ter respeito do filho; aprende a ser filho antes de querer ser Pai ou Mãe. Ensina a se curvar diante de quem é grande, do Pai, da autoridade. Saber ser filho é entender quando falar, quando aquietar e quando pedir ajuda.

Exu Eleru (senhor dos ritos – Eru): ensina a ritualizar a vida, encantar-se e despachar o carrego, não carregar o que não é seu, o que não precisa, o que pesa na alma.

Exu Olobé (dono da faca): o dono da faca, na cultura iorubá, na Nigéria. Esse é um dos nomes de Ogum, não de Exu. No entanto, talvez pelo fato de que Exu carrega uma faca na cabeça, pôde-se associá-lo como dono da faca, também, em uma construção brasileira de interpretar. Ainda assim, pode-se aprender a respeito dele com este conceito que, tendo uma faca na cabeça, Exu não carrega nada sobre ela. Exu ensina, não carrega nada na cabeça, não carrega ansiedade, depressão, estresse, culpa, arrependimento, etc. Ensina a esvaziar a cabeça, não carregar nada nela é estar vazio e pronto para receber algo novo. Oferecer sua cabeça como sacrifício em vida, esvaziar para servir de meio de comunicação do axé é o maior sacrifício que há.

Exu Alafia (realização): ensina a viver em paz, em plenitude, em satisfação e gratidão pela existência de si e do pluriverso além de nós. Ensina a busca sincera por realização em todos os sentidos e como alcançá-la. A palavra Alafia tem origem islâmica, muçulmana.

Exu Oduso (fiscal): aquele que guarda, vigia, fiscaliza Odus, caminhos, interpretações que os sacerdotes dão aos Odus e conselhos a partir deles no caminho de cada filho; está presente em tudo, é testemunha de nossas ações, ordena transgredindo e transgride ordenando.

Exu Elepô (dono do dendê): ensina que nada é impossível, até o azeite de dendê pode ser carregado em uma peneira, por isso, devem-se acalmar os ânimos, ter calma e confiar no impossível.

Exu Orum: Exu de Olorum que guarda as portas do Orum, ensina que até o Ser Supremo tem seu Exu pessoal, tem Exu a guardar as portas de sua morada, tem em Exu sua força, poder e axé de vitalidade, vigor e dinâmica da criação.

Exutosin: Exu merece ser adorado, cultuado, ensina a nunca esquecer de Exu, pois ele nunca se esquece de você. Lembrar que ele vem sempre em primeiro lugar.

Muitos nomes surgem da combinação dessas denominações, como Èṣù Yangí Òjìṣè Ẹlẹbo, Exu Bará Babá Ebó, Exu Yangui Enubarijo, Exu Elegbará Ologó Igba Keta, Exu Oba Baba Agbá e outros.

Aparecem ainda outros nomes que surgem na diáspora de Exu para o mundo, além da África Iorubá.

Em Cuba se conhece Eleguá, que é Exu num aspecto infantil, puro, brincalhão. É o menino de Olorum, sincretizado com o menino Jesus.

No Haiti se conhece Papa Legbá, que é o mais velho dos Exus, é como um Preto-Velho, um ancião, ancestral, avô de todos os Exus.

No Brasil surge no Tambor de Mina e Encantaria seu Légua – Légua Boji Buá e a família de Légua.

Na Cultura Bantu, há divindades de Angola e Congo análogas a Exu, como Aluvaià, Bombojira, Pambunijila, Mavambo, Mavile, Pavenã e outros.

Em uma leitura umbandista muito particular, faço reconhecer todos os nomes, as características e os epítetos, respeitando origem e fonte de cada um deles, em sua cultura nativa, naturalizada ou bibliografia consultada, quando houver.

Exu Dionisíaco

Apolo e Dionísio são filhos de Zeus.
Apolo representa razão, filosofia, serenidade, linearidade e realidade temporal.
Dionísio representa emoção, poesia, loucura, espiral e realidade atemporal.
Dionísio rouba os rebanhos de seu irmão Apolo, que busca seu pai Zeus para resolver esta pendenga. Dionísio faz uma lira, um instrumento musical de cordas, com a casca de uma tartaruga. Apolo, encantado com o som, a música e a poesia de seu irmão, esquece completamente por que estava ali a reclamar um gado roubado.
Esta lenda ou mito mostra a relação entre Apolo e Dionísio.
O Dionísio grego também se identifica com o Baco romano, seu duplo cultural, o Deus do vinho, do êxtase e do prazer. Ambos se identificam com Hermes, mensageiros de todos os Deuses, conhecedor de todas as línguas, regente da fertilidade, magia e adivinhação, também associado a Mercúrio romano, ao Thoth egípcio e mais tarde sincretizado como Hermes Trismegisto, o três vezes grande. Todos eles muito próximos do Deus Pã, que vagueia nos campos com seus chifres, pé de bode, rabo, tocando sua flauta fálica e correndo atrás das ninfas para encantá-las com sua música. Pã quer dizer "Tudo" ou "O Todo", seu poder é tão grande que cria o conceito de "pânico" em seus inimigos.

A questão é que, desde o nascimento da filosofia grega de Sócrates, Platão e Aristóteles, a razão humana, apolínea, é exaltada acima de paixões, encantos e êxtases dionisíacos.

O mundo moderno, em desencanto, é criado todo a partir de um racionalismo científico que exalta o modelo apolíneo de mundo, deixando para trás o modelo dionisíaco, encantado, apaixonante, extasiante, poético e lógico, fora do controle racionalizador de mundo, morto, estático, racional e científico que se torna base e modelo cristão, patriarcal, colonial, canônico, dogmático, eurocêntrico, o qual demoniza todos os deuses e especialmente os deuses dionisíacos, como Exu, Aluvayá, Legbá, Pambunizila, Pã, Hermes, Priapo, Shiva, Loki, Bes, Baco, etc.

No entanto, alertam os filósofos dionisíacos, como Nietzsche, que Dionisio e Apolo não são opostos, mascomplementares. Não se chocam, não são rivais, não estão em guerra pelo "melhor" modelo de mundo. Aliás, isso fica muito evidente no mito, em que os rebanhos de Apolo são roubados.

Exu Relativo

Exu passou entre dois amigos, estava usando um gorro metade vermelho e metade preto; um amigo viu vermelho, o outro viu preto. Assim, eles discutiram quem estava certo, o homem tinha gorro vermelho ou gorro preto?

Essa é uma das lendas mais conhecidas de Exu, com muitas versões, em algumas delas os amigos se matam em nome da sua "verdade", eles eram melhores amigos, prezavam isso como se nada mais importasse, como algo certo e estabelecido, como uma tradição ou dogma que parece inabalável.

Em outras versões, Exu volta com o gorro na mão dando gargalhadas, mostrando que não há certezas absolutas, que o contrário de uma verdade pode ser outra verdade, que uma coisa pode ser uma e outra coisa ao mesmo tempo.

Exu provoca todas as certezas de mundo acabado, provoca nosso ego e arrogância de certezas para mostrar outros mundos e outras realidades.

Exu rasga, corta, quebra todo acerto que está errado; Exu traz a desordem a toda ordem mal estabelecida; Exu é o caos para toda arrogância de mundo; Exu é o fim da linha a todos que se dizem donos da verdade.

As verdades de mundo são relativas, e cada verdade de mundo, como paradigma de mundo, é linguagem e gramática, que codificam e decodificam mundos por diferentes riscados. Exu fala todas as línguas, entende todos os riscados.

Mawó Adelson de Brito[16] relata um itan (mito) de Léba ou Légba, o Vodum dos Fon, em que:

> Léba é o caçula, o sétimo de sete filhos dos Vodun Mawu e Lisa. Mimado pela mãe, permaneceu junto dos pais por muito tempo e acompanhou o processo em que ensinaram uma linguagem diferente para cada um de seus filhos, que saíram para o mundo. Com o tempo, apenas Légba sabia falar todas as línguas e a língua materna, seus irmãos, diante das demandas do dia a dia, esqueceram como se comunicar com Mawu e Lisa. Légba se tornou o grande comunicador dos Fon, o único capaz de "abrir os portões sagrados, levando as orações, os agradecimentos, pedidos e oferendas". Esse Vodun (Léba) é o regente do dom da palavra e da comunicação.

---
16. Brito (2018, p. 13).

Exu Trickster

Trickster são divindades embusteiras, trapaceiras, enganadoras, atributos que não servem para a Divindade Orixá Exu. A vida engana, Exu prega peça para ensinar, dá a volta para chegar mais rápido, sem pressa, ele chega mais rápido, Exu atrasa para preparar, Exu segue outra lógica no jogo da vida, outras regras parecem trapaça.

No mundo ocidental, apolíneo e socrático, a razão platônica, canônica, patrística ou científica moderna parece a única regra de vida ou saber. Exu desafia esses saberes mal estabelecidos, transgride a ordem mal posta, quebra regras opressoras, então o Trickster segue outra lógica. O Trickster mostra o certo pelo errado, o sagrado pelo profano, aponta mentiras sagradas e verdades profanas na vida vivida pela carne, pelo coração, pela verdade.

No entanto, outras qualidades do Trickster têm relação com Exu, o brincalhão, o Louco do tarô, que possui outro olhar ou lógica de mundo!

Isso revela um caráter brincante, uma descontração, desconstrução de mundos engessados, trazendo dinamismo para as realidades estáticas, e outros olhares diante do que estaria posto como certo e concreto (concretado).

O brincante pode trazer a pureza da criança quando olha tudo pela primeira vez, sem ter ideias e conceitos preconcebidos ou preestabelecidos.

Em algumas culturas, como a cubana, Exu Eleguá sincretiza com o menino Jesus, tamanha a ideia de pureza infantil que ele assume. É a criança de Olodumare. Algumas imagens de Eleguá se assemelham ao que na Umbanda passou a ser conhecido como Exu Mirim, que absorveu e manifesta este perfil mais puro e brincante de Exu.

A vida engana, prega peças, é preciso estar muito aberto ao pluriverso para mudar de realidades como quem transita no tempo e desvela a ilusão.

Para quem está iludido, a realidade é ilusão. No Cristianismo, seria a: "Loucura de Deus como 'sanidade' dos homens e a sanidade de Deus como 'loucura' dos homens", o que pode estar escrito na Bíblia, mas que é totalmente incompreendido por qualquer religião-instituição e/ou ortodoxa. Os "loucos de Deus" são os místicos de todas as culturas, que transcendem os engessamentos religiosos. Louco é seguir uma razão própria que não segue a razão deste mundo ou desta cultura.

Viver dentro de uma realidade ocidental a partir de uma visão de mundo não ocidental faz de você um louco diante do modelo único de mundo.

Um bom exemplo é o Arcano Maior do Louco no tarô, que segue apenas a si mesmo. Seguir a própria alma, seguir seu próprio coração lhe faz louco diante das tradições ou das verdades estáticas.

Por tudo isso, Orixá Exu traz um aspecto brincante, puro, lúdico, louco e, ao mesmo tempo, vivo, dinâmico, transgressor de conceitos limitantes, realidades opressoras e verdades todas consideradas únicas!

Orixá Exu é divindade africana negra nagô iorubá, mal compreendido, também, porque segue sua própria alma, coração e lógicas outras que não se submetem a qualquer tipo de racionalização de mundo opressora.

Todavia, não perca de vista que a principal razão de Orixá Exu ser incompreendido é o racismo epistemológico (da construção do saber), que considera tudo que é do povo negro africano "bárbaro", "atrasado", "involuído", "inculto", na coisificação de corpos negros como bicho, animal irracional.

Exu segue outra forma de ser e estar no mundo, diversa da ocidental. Muito mais que dizer que ele não segue padrões estáticos, porque ele é o próprio dinamismo, muito mais que todas estas características que já o tornam representante absoluto de outra realidade, é reconhecer uma realidade pluriversa, a qual quebra e contesta a ideia eurocêntrica de verdade única ou universal, universalmente imposta a todos.

É importante reconhecer a impossibilidade de compreendê-lo a partir do olhar ocidental, cristão, canônico, patrístico, filosófico grego, patriarcal, colonial. Reconhecer a falta de interesse ocidental, europeu, eurocêntrico, em querer entender a realidade do negro, do africano e sua espiritualidade tão diversa daquela.

Na cultura africana ancestral diversa e pluriversa, não há maniqueísmo, dicotomia, dualidade de bem ou mal, sagrado e profano ou corpo e espírito.

Por isso Orixá Exu transita entre mundos e realidades pluriversas, totalmente incompreendidas naquele "universo" ultrapassado, estático e imposto como verdade única.

Orixá Exu ri, canta, fuma cachimbo, toca flauta, carrega seu Ogó e dança nu, como quem faz amor, enquanto brinca com mundos e pluriversos.

Em muitas outras culturas, existem divindades consideradas Tricksters, como Dionísio, Pã, Lock, Bes. Para entendê-las, é preciso compreender o conceito dionisíaco de mundo explicado por Nietzsche e contrário ao conceito apolíneo.

Contudo, para entender Orixá Exu, não basta compreender o dionisíaco muito menos um filósofo alemão como Nietzsche, é preciso entender o negro, a África, o Nagô, o Iorubá!

Como diria Simas e Rufino no título *Fogo no Mato*, existe algo exusíaco (de Exu) que convive com o oxalufânico (de

Oxalufã) sem se opor, sem dicotomia, sem maniqueísmo, em que muitas vezes Oxalá pode ser exusíaco e Exu pode ser oxalufânico.

Não basta dizer Orixá Exu é Trickster, é preciso viver sua realidade de dentro, olhar a partir da origem, saber que precisamos buscar transcender o olhar estático eurocêntrico.

Do ponto de vista louco, brincante, irreverente, descontraído, Orixá Exu é Trickster, mas não se engane, esta é apenas uma das suas realidades plurais. Muito mais que Trickster, ele é Negro Africano Iorubá, e esta sim é a maior dificuldade do europeu em entendê-lo, a principal dificuldade é a falta de vontade de compreender a África, é o racismo e o preconceito que demonizam o Orixá Exu.

Ser Trickster, brincante, dançante, cantante, viril, sensual, erótico, tudo isso revela o caráter encantador do Orixá Exu que se torna incompreensível num mundo ou "universo" em desencanto. Transcenda o universal em desencanto e vá em busca do pluriverso encantado de Exu.

Exu Quântico

"Exu é pequenino como o mundo, é imenso como o átomo"; "Exu é relativo e é toda a relatividade do pluriverso." (Alê Cumino)

Exu é vida, o dinamismo de tudo que vive; Exu é a incerteza no centro da encruzilhada de mundos; Exu é tão relativo como dois pontos de vista diferentes – ele é uma cabeça que olha para frente e outra que olha para trás ao mesmo tempo; Exu está na porta da entrada e na porta de saída simultaneamente.

Exu é o primeiro observador da Criação, é a primeira testemunha de Olorum, sem ele não existe Criação – é ele o observador que influencia e influenciou nos resultados dos mundos criados por Olorum. Onde não há um observador, nada existe, Exu é o primeiro observador de Olorum e da sua Criação, é quem dá sentido de ser e existir ao Todo.

Exu salta no tempo e no espaço para realizar o impossível. Exu desafia todas as leis da física clássica ao seguir leis e regras que transcendem o modo material palpável e certo; Exu é imenso e imensamente grande diante de quem se acha grande e é pequenino, miudinho, diante dos humildes.

Se há algo que agrada Exu é encruzilhada de mundos, pluriversos, saberes, contramão, contracultura da contracultura, terceira margem, terceira cabaça, transgressão de regras mal estabelecidas, gargalhada diante das verdades absolutas com seus especialistas, sejam eles cientistas, filósofos ou religiosos. Toda ortodoxia canônica estática de mundo e visões de mundo desafiam a dinâmica renovadora de realidades que Exu representa.

Este texto é apenas uma provocação quântica na encruzilhada de Exu.

O mundo material, tão palpável, tão sólido, não passa de ilusão dos sentidos, onde nada está além de energia. Mesmo um diamante com grau de dureza máximo, em sua realidade última ou primeira, é tão energia, tão vazio de matéria, partículas quanto a água ou o ar. No fundo, todos os átomos são um grande vazio de matéria, que surge a partir de ondas e vibrações de pura energia.

Nossa realidade é uma ilusão, nossas crenças de mundo sólido não são palpáveis, não passam de impressões do mundo dos sentidos.

Toda matéria é formada por moléculas, estas são formadas por átomos, estes por partículas atômicas, elétrons, prótons e nêutrons; estes dois últimos por partículas subatômicas, e estas, assim como o elétron, têm origem em energia pura, ondas de energia em constante vibração que sustentam a matéria.

Mas quem ou o que sustenta estas ondas e partículas em constante movimento? Quem dá esse dinamismo à criação? EXU!

Quanto aos elétrons, estão em permanente movimento circular e dinâmico, orbitando em torno do núcleo do átomo. Dessa forma, cada elétron ocupa uma órbita em esfera, que faz lembrar as camadas de casca de uma cebola.

Alguns elétrons somem da órbita em que estão para aparecer em outra órbita. Eles simplesmente somem, ninguém sabe onde estão no meio do percurso, quando não estão mais na órbita anterior e não chegaram ainda à órbita posterior. Isso é um "salto quântico", sumir de um lugar e aparecer no outro.

Não saber onde esse elétron pode ou vai aparecer traz à tona a incerteza, a "teoria da incerteza".

Exu, com seu porrete, Ogó, simboliza o salto entre mundos e realidades, tão distantes quanto nossa ilusão de espaço e tempo.

Tudo que tem vida tem Exu, Exu é a força dinâmica da vida, Exu é movimento, Exu está no movimento dos corpos humanos, dos corpos celestes e das partículas subatômicas ou elétrons.

O elétron ora se comporta como partícula, ora se comporta como onda, isso é Exu: por onde passa, um o vê como onda e outro o enxerga como partícula. Assim como passa entre dois amigos com um chapéu metade branco e metade vermelho, um tem certeza de que viu o homem de chapéu branco, o outro tem certeza de que viu o homem de chapéu vermelho. Desse modo, são teístas e ateístas discutindo por postos de vista diferentes de uma mesma realidade. Assim é o homem que não vê o encanto, Exu, no diferente com suas verdades distintas.

A relatividade diz que nossa impressão sobre tempo e espaço é ilusão, são conceitos simples como estes que mudaram a nossa forma de ver o mundo como algo palpável e regido por leis inexoráveis, como as leis de Newton e olhares de mundo cartesianos.

Com estes poucos conceitos simples ao leigo, podemos brincar o jogo de saberes que se entrecruzam, de Exu na encruza da "ciência popular" ou da popularidade de conceitos científicos.

Assim como o átomo, Exu é tripolar, e seu tridente representa isso a partir das energias e vibrações, positiva, negativa e neutra.

Por isso também Exu atua a partir dos três axés, três forças e poder de realização para a cultura de Orixá Iorubá: axé branco, axé vermelho e axé preto.

Segundo Rubens Saraceni, no positivo, Exu vitaliza tudo que é virtuoso ou positivo. No negativo, Exu desvitaliza os vícios ou o negativo. Já no neutro, Exu neutraliza todas as ações que não estão de acordo com espaço, tempo, lei ou o que estiver onde não deveria estar, a partir de conceitos que escapam à nossa razão ocidental.

Exu é Igbá Ketá, senhor da terceira cabaça, de três magias, de três axés, de transcendência da dualidade. Exu é Oritá Metá, dono da Encruzilhada de três ruas, caminhos, escolhas. Em tudo, o número três se torna importante como multiplicador, Exu Okoto, que representa o tempo e o espaço cíclico e espiral, além de qualquer linearidade ou estabilidade material, moderna e científica.

Exu é o vazio e é dono do Vazio, assim como no universo do átomo tudo é um imenso e ao mesmo tempo microscópico vazio, bem como o céu estrelado. Entre o núcleo de um átomo e os elétrons que orbitam na "esfera", como em cascas de cebola, o que há é um grande vazio.

Exu quer dizer esfera, espiral e vórtice, os mesmos conceitos e estrutura de formação de átomos, planetas, sistemas, galáxias e cosmos.

Acreditava-se no passado que existia uma substância chamada éter, em que a luz se propagava. Hoje sabemos que a luz se propaga no vácuo, vazio, e que tudo o que existe está "contido" nesse infinito vácuo, vazio, de Exu.

Qualquer que seja a teoria de origem de tudo, com Big Bang, buraco negro, caos cósmico ou não, tudo vem do nada, e essa é a única busca inconsciente do ser humano em suas cosmologias modernas e antigas, científicas, metafísicas ou mitológicas. Assim, na origem, antes de tudo, está o Vazio de Exu.

Exu é tudo e é nada, é esfera e vórtice, é centro e periferia, ponto e espiral, o vazio que acolheu toda a criação e é seu primeiro observador!

***

Embora tudo isso seja muito simples ao leigo, ao cientista ou ao físico, é na complexidade que Exu se diverte; é na relatividade das verdades que ele dança; é no cruzamento do impossível que ele brinca; é na dobra do tempo que ele transita; é no buraco de minhoca que ele pega o coelho de Alice, no país quântico das maravilhas; é ele o gato na encruzilhada que diz: para quem não sabe aonde chegar, qualquer caminho serve. Alice, no seu País das Maravilhas, desafia tempo e espaço ao bater a cabeça no teto quando está sentada, e não alcança a mesa ao ficar em pé; assim também é Exu, e ambos desafiam tempo e espaço ao nos lembrar de que o que nos parece tão real, como tempo e espaço, não passa de ilusão.

Um universo inteiro pode caber dentro da "pedrinha miudinha", grande ou pequena, depende apenas de referência, por isso Exu faz do grande pequeno e do pequeno grande. Senta na pele da formiga, se faz pequeno ou grande a si mesmo, dependendo da relatividade de cada situação ou da pessoa com quem está se relacionando.

Ilusão são nossas certezas materiais de mundo, e é por isso que Exu faz o certo virar erro e o erro virar certo, o que se aplica às antigas certezas de mundo antigo, arvorado na antiga arrogância científica em dizer que o mundo é regido por leis e que, em algum momento, a ciência desvendaria todas essas leis. Foi por meio dessa "verdade absoluta", positivista de Augusto Comte, que mitologia, magia e teologia foram desacreditadas por não fazer parte do universo das comprovações científicas de mundo.

Exu ri dessas certezas do mundo ocidental eurocêntrico e desafia a novos olhares afrocentrados, os quais permitem compreender que o contrário de uma verdade é outra verdade, que o mundo é pluriverso, diferentemente de universo, sem ter de debater ou convencer ninguém disso.

Exu mostra a relatividade de olhares, ao passar entre dois amigos com seu chapéu meio vermelho e meio preto.

Exu desafia o tempo ao acertar ontem o alvo com a pedra que jogou hoje. Exu lembra que Tempo e Espaço são deuses que sentam com ele na mesma mesa para comer o Ebó.

Exu, ao saltar de mundos e realidades diversas ou saltar quilômetros com seu OGÓ, realiza o salto quântico epistemológico de mundos e saberes, entre olhares eurocêntricos e afrocêntricos de mundo.

Fica aqui nossa oferenda de olhar quântico, nosso Ebó de incertezas quânticas, para dizer que Exu transcende o certo e o errado, que no mundo, na vida ou na ciência nada é certo, tudo é relativo, tudo é impermanente, como diria Heródoto.

A razão é humana, a certeza é racional, a dúvida e a incerteza são divinas, quânticas, exusíacas!

Este trecho anterior é apenas uma provocação, uma encruzilhada de significados, um olhar brincante, uma liberdade poética entre a "Ciência e a Sapiência", como bem diria Rubem Alves!

É uma oferenda na encruzilhada, na Física – Natureza –, uma entrega de encantamento de palavras para Exu, ali na encruzilhada do universo com o pluriverso, entre desencanto e encanto.

Como diriam Simas e Rufino em *Fogo no Mato*,[17] deixo aqui meu "ebó epistemológico", neste "cruzo" de saberes. Este texto é minha oferenda nesta encruzilhada de mundos; encruza de olhares diversos e polêmicos, onde a única certeza é a incerteza de verdades absolutas.

O contrário dessa verdade é apenas outra verdade quântica, científica, acadêmica, mitológica, espiritual ou exusíaca.

Este não é um texto de Física Quântica, é minha liberdade poética, filosófica, alegórica, metáfora, por isso dispenso as críticas de cientistas, físicos e de outros ortodoxos, deste ou daquela outra margem do rio.

---

17 Simas e Rufino (2018).

Estamos aqui na terceira margem do rio, no centro da encruzilhada. Este não é um texto acadêmico, e não tenho nenhuma intenção de discutir Física Quântica com físicos quânticos.

O argumento de que leigos não "podem" se utilizar de termos da Física Quântica para falar de espiritualidade pode ser debatido entre físicos. Só resta aceitar ou não o uso popular de termos quânticos ou uma "visão quântica leiga" de mundo, o que já é uma realidade.

O argumento de que espiritualistas não devem se "apropriar" de termos da mecânica quântica para dar impressão de que estão falando cientificamente ou de que a espiritualidade é uma ciência acadêmica também não cabe aqui, não tenho nenhuma das duas pretensões.

Acredito na ressignificação de palavras e na construção popular de mundos, com liberdades poéticas e filosóficas que não passam pelo crivo ou metodologia acadêmica formal ou eurocêntrica. Portanto, não estou fazendo ciência, não sou físico nem busco comprovação científica, mas sou cientista... Da religião, da espiritualidade, do transcendente.

TERCEIRA PARTE
Exu na Umbanda

*"Não é sinal de saúde estar bem adaptado
a uma sociedade doente."*
Jiddu Krishnamurti (1895-1986)

Demonização de Exu

Já é assunto conhecido a "demonização de Exu" por parte da cristandade católica, que fez o mesmo processo com outras divindades consideradas pagãs, destacando-se as deidades que se manifestam na natureza. Tal qual Zeus, Pã, Hermes e Dionísio (cultura grega), Fauno (romano), Cernunnos (celta), Shiva (hindu), Thot, Bes, Min e Set (egípcio), Loki (nórdico) e Exu, Elegbara, Aluvaiá (afro).

Com seus atributos de poder natural e animal, como chifres, rabo, pés equinos e falo ereto, associados a tridentes ou capa, foram costurados como uma colcha de retalhos formando a imagem do "capeta cristão".

O Diabo cristão é um resgate de visão maniqueísta de mundo, no qual o Bem e o Mal dividem o cosmos em pé de igualdade, assim como para os persas havia Ormuz e Arimã (Deus Bom e o Deus Mau), agora Deus e o Diabo passam a ser adversários disputando as cabeças humanas.

Claro que tudo com um objetivo a ser alcançado: Deus é senhor transcendente do Céu e o Diabo é senhor da terra e das posses materiais; a melhor forma de alcançar o Céu (Deus) é entregar suas posses materiais à igreja, comprando assim um cantinho no Céu.

Pierre Fatumbi Verger (1902-1996), fotógrafo, etnólogo, antropólogo e pesquisador francês, foi um dos primeiros e principais autores a fotografar, pesquisar e apresentar farto material bibliográfico sobre os Orixás na Bahia e na África, iniciando-se no Culto aos Orixás. Verger teve acesso e era querido nos círculos mais internos e fechados da sociedade de Orixá. Publicou diversos livros de pesquisa que **são referência a todo estudioso** sério e comprometido, dos quais cito dois títulos, que são indispensáveis: *Orixás – Deuses Iorubás na África e no novo mundo* (Ed. Currupio) e *Notas sobre o Culto aos Orixás e Voduns* (Ed. Edusp).

Tudo isso já é conhecido de muitos.

Pierre Verger reuniu em seu estudo algumas afirmações cristãs sobre Exu, de padres e pesquisadores que passaram pela África, as quais caracterizam como fato as afirmações anteriores. Se não são curiosidades, tornam-se evidências da demonização de Exu feita pela forma cristã de pensar o mundo. Como um constante ponto de vista preconceituoso e discriminador do diferente, vejamos quatro citações pontuais de primeiras demonizações de Exu na África, colhidas por Verger:

> Pruneau de Pommegorge foi o primeiro que, tanto quanto podemos saber, descreveu um Legba. Eis como apresenta o Legba de Ouidah, onde permaneceu de 1743 a 1765:[18]
>
> A um quarto de légua dos fortes, os dahometanos ainda têm um deus Príapo, feito grosseiramente de terra, com seu principal atributo, que é enorme e exagerado em relação à proporção do restante do corpo. As mulheres, sobretudo, vão oferecer-lhe sacrifícios, de acordo com sua devoção e com o pedido que lhe farão.
>
> Essa má estátua encontra-se debaixo do forro de uma choupana que a abriga da chuva.

---

18. VERGER, 1999.

Bowen, que estava na Nigéria desde 1852, foi o primeiro a fazer alusão a *Esu*, em Abeokuta:[19]

É costumeiro entre os europeus chamar os ídolos dos nativos de diabos. Os próprios nativos referem-se a um único Diabo, se bem que acreditem na existência de diversos outros espíritos maus. Na língua ioruba o Diabo é denominado *Esu*, o que voltou a ser enviado, que vem de Su, jogar fora, e Elegbara, o poderoso, devido a seu grande poder sobre as pessoas. O Diabo não é considerado um dos *Orisa* mediadores, mas os iorubas prestam-lhe culto por meio de sacrifícios, a fim de obter seus favores e impedi-lo de os prejudicar.

O abade Bouche escreve:[20]

Elegbara é o espírito do mal, o Belfegor dos Moabitas, o Príapo dos latinos, Deus Turpitudinis, como disse Orígenes; a estátua que o representa nada tem que não seja grotesco; é um amontoado de terra amassada e grosseiramente moldada, representando mais ou menos a cabeça e o busto do homem. Dois grandes búzios fazem o papel dos olhos, duas fileiras de dentes de cachorro ou de pequenas conchas formam a queixada; penas são implantadas no queixo, à maneira de barba... e um porrete, semelhante àquele de que antigo Líber se serviu para suas infames manobras. É assim que os negros representam o espírito imundo. Não hesitam em dar-lhe as insígnias da mais nojenta impudicícia. Aliás, não lhe dão o nome de "Echou", que quer dizer excremento, sujeira?

---

19. Idem, p. 134.
20. Ibidem p. 135.

Quase na mesma época, 1864, o abade Laffitte escreve o seguinte, em relação ao mesmo Legba:[21]

A horrenda estátua de Belfegor, grosseiramente moldada com argila, guarda a entrada de todas as casas; ela está à vista nas encruzilhadas e praças; encontramo-la a cada passo no campo, ora colocada aos pés das mais belas árvores, ora escondida no interior de pequenas cabanas de forma circular. Os negros têm a maior confiança nesses blocos de terra; levam-lhes as mais variadas oferendas: carnes, frutos, legumes, etc.; e estes são apenas pequenos presentes. Nos dias solenes, quando então querem obter algum favor de grande monta, o sangue corre em sua honra. Mais frequentemente é um frango que é sacrificado; nas grandes ocasiões, a piedade do negro leva-o a oferecer em sacrifício um carneiro e, algumas vezes, até mesmo um bode. Nesse último caso, o feiticeiro garante a mais elevada proteção do deus. Encarregado da imolação, guarda para si as vítimas; se gosta de frango, se aprecia carneiro... adora bode.

Esses senhores estavam diante de uma Divindade das mais importantes da Cultura Nagô-Yorubá e não conseguiram ou não quiseram ver o que estava na frente de seus olhos: um outro mundo, uma outra forma de entender, conceber e pensar a realidade em que se vive. Passaram a interpretar elementos construídos com valores diferentes dos seus, partindo da medíocre e tacanha pequenez daquele que se crê grande e superior ao outro. Até o fim do século XIX, acreditava-se, "cientificamente", que o negro era biológica, cultural, racional e emocionalmente inferior ao branco, o que se observa nas obras de Nina Rodrigues.[22] Apenas em 1934 poderíamos verificar na obra de Arthur[23] Ramos

---

21. Ibidem, p. 134.
22. Rodrigues, 2008.
23. Ramos, 2001.

uma afirmação que faria toda a diferença na compreensão do outro, com relação ao Candomblé baiano, pois diria ele que para entender a cultura do negro era preciso partir de uma outra lógica de mundo, era preciso um outro paradigma, um outro olhar, para compreender sua forma de produzir cultura. **Logo, para entender quem é Exu, é preciso alcançar uma outra concepção de logos ou de cosmologia, talvez até quebrar esta necessidade em estruturar uma cosmologia racional**. Exu é algo que nosso racional procura entender, mas que com certeza não pode dar conta em sua totalidade. Exu é anterior à razão.

A Demonização de Exu Dentro da Umbanda

Poucos sabem que, de dentro da Umbanda, também se produziu material colocando e comparando Exu com "Diabo", "demônios" e outras forças e conceitos negativos. Podemos dizer que Aluízio Fontenelle, autor umbandista da década de 1950, tem uma parcela de responsabilidade pelo que podemos chamar de "demonização de Exu" realizada dentro da Umbanda.

Não sabemos a data exata de publicação de seus títulos. Na capa dos três livros que tive acesso há uma foto do autor autografada com data de 1951, e aparece também sua data de morte, em 1952. Faço crer que as primeiras edições desses títulos ocorreram no final da década de 1940 ou mais tardar em 1950, pois caso contrário não daria tempo de fazer comentário de um título já publicado em outro ainda por editar, o que verificamos no título *Exu,* ao qual temos acesso à sua segunda edição, com data de 1954.

Aluízio Fontenelle tem uma postura dura e crítica na sua forma de expressar a Umbanda. Apresenta influências diversas com ênfase para Hinduísmo, Teosofia, Cabala, Goécia e Alta Magia Europeia. Ressalta a existência de um aspecto esotérico, fechado e oculto em todas as religiões, propondo a busca pelos "reais fundamentos" da Umbanda em seu aspecto esotérico.

Apresenta as Sete Linhas de Umbanda e suas Legiões por meio do modelo criado por Lourenço Braga (*Umbanda e Quimbanda*, 1942). No entanto, é justamente com relação a Exu que esse autor irá inovar e tornar-se um dos escritores mais copiados e mal compreendidos na religião. A busca pela "Umbanda Esotérica e Iniciática" o levou, assim como a outros umbandistas, a buscar o "suprassumo" da religião em outras culturas.

Se, por um lado, ele teve intenção de elevar o padrão intelectual da religião, por outro, deu início a uma demonização do Exu de dentro para fora, como se já não bastasse a externa; ou seja, atribuiu aos tão conhecidos nomes de Exus, em suas populares falanges, nomes tão ou mais conhecidos na goécia, a "magia negativa" europeia. Dessa forma, Aluízio Fontenelle foi o primeiro autor umbandista a relacionar os nomes de Exus de Umbanda com nomes da "magia negativa" (*Goécia*). Foi copiado ou simplesmente serviu de inspiração para autores como Decelso, Antonio de Alva, José Maria Bittencourt, N. A. Molina e tantos outros posteriores a adotar esse sincretismo entre Umbanda, Quimbanda e Goécia. Claro que há contribuições positivas e negativas por parte de todos os autores, no entanto, a partir do momento em que identificamos Exus como "demônios" ou "pretensos demônios do Goécia", em seu sentido popular de ser, nós mesmos estamos dando lenha para aquecer a fogueira da discriminação, preconceito e racismo religioso. Suas tabelas e relações foram largamente usadas pela "Quimbanda" brasileira.

Vejamos algumas passagens do título de Aluízio Fontenelle: *Exu*, (Rio de Janeiro, Ed. Espiritualista, s.d.):

• • •

A *Entidade Máxima*, denomina-se "MAIORAL",[24] tendo ainda outros denominativos, tais como: Lúci-

---

24. Ibidem, p. 93-94.

fer, Diabo, Satanaz, Capeta, Tinhoso etc. etc., sendo que nas Umbandas é mais conhecido com o nome de "EXU REI".

Apresenta-se como figura de altos conhecimentos, tratando-nos com uma grande elevação de sociabilidade, prometendo-nos este mundo e o outro, exigindo tão somente que, por nós, seja tratado por: MAJESTADE.

Raramente vem a um terreiro, preferindo apenas aproximar-se dos lugares onde se professe altos estudos de MAGIA ASTRAL[...]

Tem o *Maioral* bem como as demais Entidades, o seu ponto ou pontos riscados, sendo que o principal é de origem ESOTÉRICA, o qual, a seguir, divulgarei[...]

Nesta obra de Aluízio Fontenelle, vamos encontrar uma Trindade que está acima de todas as demais entidades, pois o Maioral se manifesta em três pessoas: Lúcifer, Belzebuth e Aschtaroth, que são, na sua opinião, Exu Rei, Exu-Mor e Exu Rei das Sete Encruzilhadas. Apenas para termos uma ideia das relações dos nomes e sincretismo estabelecidas por ele, coloco a seguir alguns desses nomes a título de curiosidade e estudo, **embora não concorde com a evocação deles**, já que a cada nome da Goécia ou Magia Negativa Europeia está relacionada uma egrégora astral afim.

Lúcifer tem como assistentes *Put Satanakia* (Exu Marabô) e *Agalieraps* (Exu Mangueira).

Belzebuth tem como assistentes *Tarchimache* (Exu Tranca Ruas) e *Fleruty* (Exu Tiriri).

Aschtaroth tem como assistentes *Sagathana* (Exu Veludo) e *Nesbiros* (Exu dos Rios).

Klepoth é o nome de "Exu Pombagira", a mulher de sete Exus.

Syrach ou Exu Calunga comanda 18 Exus:
Bechard – Exu dos Ventos
Frimost – Exu Quebra-Galho
Klepoth – Exu Pombagira
Khil – Exu das Sete Cachoeiras
Merifild – Exu das Sete Cruzes
Clistheret – Exu Tronqueira
Silcharde – Exu das Sete Poeiras
Ségal – Exu Gira-Mundo
Hicpasth – Exu das Matas
Humots – Exu das Sete Pedras
Frucissiére – Exu dos Cemitérios
Guland – Exu Morcego
Surgat – Exu das Sete Portas
Morail – Exu da Sombra ou Sete Sombras

Frutimière – Exu Tranca Tudo
Claunech – Exu da Pedra Negra
Musifin – Exu da Capa Preta
Huictogaras – Exu Marabá

Sobre as ordens de OMOLU trabalham *Sergulath* (Exu Caveira) e *Hael* (Exu da Meia-Noite).

Sob o comando de *Sergulath* (Exu Caveira) trabalham mais sete Exus:

Proculo – Exu Tatá Caveira
Haristum – Exu Brasa
Brulefer – Exu Pemba
Pentagnoni – Exu Maré
Sidragosum – Exu Carangola
Minosum – Exu Arranca-Toco
Bucons – Exu Pagão

Sob o comando de *Hael* (Exu da Meia-Noite) trabalham mais sete Exus:

Serguth – Exu-Mirim
Trimasael – Exu Pimenta
Sustugriel – Exu Male
Eleogap – Exu Sete Montanhas
Damoston – Exu Ganga
Tharithimas – Exu Kaminaloá
Nel Birith – Exu Quirombô

Há ainda *Aglasis* (Exu Cheiroso) e *Meramael* (Exu Curado).

Esse é o sincretismo de Aluízio Fontenelle que influenciou alguns umbandistas e uma boa parte da Quimbanda brasileira. Esse foi, sem dúvida nenhuma, o ponto de partida da demonização de Exu que houve de dentro para fora na Umbanda, que tanta confusão criou e cria entre umbandistas que ainda não entenderam que Exu é Orixá e Guardião.

As fontes de Fontenelle, no Goécia são claras, embora não tenha citação correta nem bibliografia. Ele se inspira no *Book of Black Magic*, de *Arthur Edward Waite*, 1910, de onde copiou pantáculos mágicos de demônios e os adaptou como pontos riscados cabalísticos dos Exus. Com isso explicado e apresentado, fica aqui nossa colaboração primeira para entender as fontes dessa demonização interna de Exu na Umbanda.

Exu Desapegado

Estava conversando com minha prima, que vem frequentando o Colégio Pena Branca, fazendo desenvolvimento mediúnico e colocando sua fé na Umbanda.

Uma das primeiras coisas que ensinamos ao médium, dentro de nossa doutrina, é firmar anjo da guarda e, também, sua esquerda. Então, minha prima comentou com sua mãe que vinha pedindo bastante ajuda para os Exus, e que tinha muita fé que eles conseguiriam ajudá-la em algumas questões. Sua mãe, minha tia, que já havia frequentado a Umbanda muitos anos atrás, ao ouvir essa afirmação, disparou sua recomendação "que tivesse muito cuidado com os Exus" e que "ela não deveria pedir nada para a esquerda", afinal eles podem até ajudar agora, no entanto, vão cobrar essa ajuda no futuro, ou seja, caso recebesse ajuda da esquerda, tornaria-se devedora de alguma forma, e um dia eles viriam cobrá-la pela ajuda prestada. Algo como dar com uma mão e tirar com a outra. Embora eu esteja comentando um caso bem particular e próximo a mim, há algo de repetitivo e recorrente nessa história e na advertência dessa mãe, que eu preciso relatar aqui.

Afinal, de onde vem esse conceito de que Exu ajuda agora, mas um dia vai lhe cobrar essa ajuda? Ouvimos que Exu dá com uma mão e cobra com a outra, que Exu não faz nada se não for pago, ou melhor, muito bem pago. Aqui no Brasil e especialmente em alguns segmentos, Exu foi associado ao

"Diabo" católico, e seu comportamento ficou vinculado ao que se esperava do "dito-cujo" dentro das práticas de magia negativa. De alguma forma, todos nós já ouvimos falar do famigerado "pacto com o Diabo", de "vender a alma para o capeta" em troca de favores materiais. A questão é bíblica, na qual o tinhoso ofereceu todas as riquezas da terra para Jesus em troca apenas de que o Cristo se curvasse a ele como o seu Senhor. Sabemos que o Rabi saiu ileso das três tentações do deserto, mas, desde então, não faltaram mais pretendentes oferecendo sua alma ao dito-cujo, com a intenção de aceitar exatamente o que Jesus recusou: tornar-se rico, poderoso e desfrutar os prazeres e paixões deste mundo.

Não faltam exemplos para ilustrar essa questão de vender a alma ao dito-cujo por meio de um pacto, desde *Fausto*, de Goethe, passando por Robert Johnson, até Riobaldo, em *Grande Sertão: Veredas*, de Guimarães Rosa.

Agora pare um pouco a sua mente e reflita sobre essa ideia do cruzamento de Exu com o Diabo católico e imagine o que dá. Exatamente. O resultado é um Exu que exige um pacto para ajudá-lo e que depois virá cobrar sua parte do acordo, um Exu demonizado, encapetado.

O simples fato de acreditar que é assim que acontece, apenas esse receio, o medo, já é algo destruidor para a vida de qualquer um. Com base nesse cruzamento de Exu com o capeta é possível entender de onde vem o conceito de que Exu volta para cobrar. Dá para perceber o absurdo?

Na África e no Candomblé, Exu é um Orixá amado e respeitado como todos os outros Orixás. Ele é irreverente, brincalhão e vigoroso, suas qualidades e arquétipos em nada têm a ver com o mal, muito menos com o Diabo católico e, claro, oferendas não são pactos e sim elementos de trabalho, axé e força.

Na Umbanda, Exu é um espírito guardião, protetor, um sentinela, um "guarda", a "polícia" do astral; é nosso guia assim como Caboclo e Preto-Velho.

Tem ideia do quanto Exu nos ajuda sem pedir quase nada em troca, além da oportunidade de trabalhar suas firmezas, assentamento e, quando necessário, uma oferenda? Repito que em nada tem a ver com pacto.

Mas, voltando à minha prima, chegamos à conclusão de que trabalhamos com Exus muito desapegados, o que foi motivo de riso e descontração. Ainda assim sabemos que o receio de minha tia tem fundamento em experiências desastrosas em ambientes que se confundem com a Umbanda. Muitos lugares, onde "Exu" ameaça, cobra e agride, levam o nome de Umbanda, e a única maneira de mudar isso é com estudo e conhecimento. Cada um com seu cada qual, se as pessoas não se incomodam com esse comportamento é porque precisam viver isso para aprender algo mais sobre a vida. No entanto, não é Umbanda nem é Exu.

Por isso criaram termos como "Exu de Lei" e "Exu Pagão", para dizer que "Exu de Lei" é o Exu que anda na Lei, que está de acordo com a Lei Maior e a Justiça Divina, esse é o Exu de Umbanda. O "Exu Pagão" é o Exu que não é muito certo, que não anda na linha, é praticamente um "egum" (espírito errante) ou um Kiumba (espírito negativo ou das trevas). Um Exu que não é de Lei pode ser considerado um "estagiário" de um outro Exu que pode ser de Lei. O fato é que um Exu que não ande na Lei não é EXU realmente nem pode ser guia de ninguém. Ainda se usam outros termos como "Exu Coroado" para dizer sobre Exus que, no início de suas primeiras manifestações, vêm rudes e ignorantes, mas com o tempo se doutrinam (ou são doutrinados), "tomam tento", se acertam até que são "coroados", um termo utilizado para dizer que estão prontos para atender dentro da Lei. Na verdade, quem se doutrina é o médium, e Exu apenas acompanha e reflete isso para que todos, inclusive seu médium, tomem consciência da condição emocional e imaturidade espiritual deste que é seu "cavalo" (ou aparelho).

Exu não Está à Venda!

 Lembro-me de muitas histórias vividas na Umbanda e diversas outras que ouvi de muita gente que, igualmente, viveu bastante na Umbanda. Agora venho me dedicando a colocar algumas dessas histórias no papel como Crônicas de Umbanda. O umbandista não tem o costume de escrever, mas graças a Olorum vem adquirindo o costume de ler; esperamos que o exercício da leitura ajude a despertar a vontade e a necessidade da escrita. Conheço irmãos que poderiam passar dias e noites, sem parar, contando histórias e causos vividos na Umbanda, no entanto, para a grande maioria isso tudo vai morrer com eles. Estou aqui fazendo a minha parte, transcrevendo algumas histórias minhas e também de outras pessoas que eu consiga puxar na lembrança. Adriano Camargo costuma dizer que se nós começarmos a contar o que vivemos na Umbanda, ela seria conhecida como a "Religião dos Milagres". Ao contrário das outras religiões, nossos guias são avessos à propaganda sensacionalista dos milagres, mesmo porque milagre não acontece com hora marcada, não pode ser vendido nem previsto: milagre é uma coisa que simplesmente acontece, quando se tem fé e merecimento. Por isso mesmo sempre digo que "a Umbanda não é balcão de milagres", que nós e nossos guias não fazemos milagres, mas Olorum faz. E assim deve ser, da mesma forma como sempre foi e será quando há honestidade espiritual e dizemos: "sua fé o curou" e "agradeça a Deus". Isso é oposto e avesso ao comércio de milagres. No entanto, é certo que fazemos e praticamos magia, o que alguns não sabem é que a Magia de Umbanda é Sagrada e Divina, pela sua ignorância vez ou outra aparece alguém querendo comprar o que não está à venda.

Lembro-me de uma situação vivida com "Sultão" Exu que me ampara desde o início de minha caminhada na Umbanda. Havia sido confirmado como médium de consulta há pouco, e em uma sessão de atendimentos de esquerda, uma senhora veio se consultar com meu companheiro da esquerda e a tal mulher, logo que se apresentou, já foi falando que vinha de muito longe para conversar com ele. Exu riu da afirmação e assumiu um ar de deboche com relação à forma com que ela se colocou, com ar de importante, que vinha de longe. Exu lhe disse que atendia a todos os de perto e os de longe da mesma forma, com o mesmo respeito e atenção. Não satisfeita, a senhora lhe disse que vinha porque queria saber algo e estava disposta a pagar para ele ajudá-la.

– Pagar?" – perguntou ele. – Pagar o quê? Pagar para fazer o quê?

Então ela explicou que teria um encontro naquela semana, e era muito importante que ele fosse bem-sucedido. Exu lhe explicou que esse encontro não tinha nada a ver com ele e que lavava as mãos em relação a esse compromisso. Disse ainda que não iria ajudar nem atrapalhar, que o tal encontro era algo que só cabia a ela e a outra pessoa envolvida. Ela, muito desconcertada, afirmou que pagaria muito bem por sua ajuda e perguntou quanto ele cobraria para auxiliá-la no tal encontro. Mais uma vez ele deu risada e lhe disse que não precisava nada além de um charuto, umas velas e sua bebida, e que isso seu "burro" (médium) já providenciava para ele. Falou que não precisava de mais nada além disso, e que de onde ele vinha o dinheiro da Terra não tinha o menor valor. Mas se ela quisesse lhe contar melhor sobre o tal encontro, ele estava disposto a ouvi-la para aconselhá-la, se fosse o caso. Então a senhora explicou que havia marcado um encontro com um homem casado, e que esperava conseguir afastá-lo de sua atual mulher para poder viver algo com ele.

Bem, não sou nem um pouco moralista, Exu também não é, sabemos como são os encontros e desencontros da vida. Sabemos o quanto as relações vêm mudando e o quanto os casamentos e a família vão assumindo valores e formas diferentes. Hoje em dia, as opções de relacionamentos e formas de viver a vida sentimental são tantas e tão variadas, que mais uns anos e o assunto traição será sinônimo de falta de conversa e entendimento para as duas partes de um relacionamento, e não apenas uma vida a dois em que um é o sofredor, traído, e o outro é o vilão, traidor. Tenho por premissa que em gira de Umbanda não se fala de traição nem se escolhe com quem o consulente deve viver ou deixar de viver.

E assim, sem nenhum moralismo, Exu mostrou duas coisas: que seu trabalho não tem preço, não está à venda, e que não compactua com a falsidade ou a mentira. Se algo não está bom em sua vida, converse, conserte, entenda, descubra, medite, brigue, esbraveje, chore, ria, mas não fuja nem tente convencer uma entidade a resolver por você o que só você pode e deve resolver, que é tomar decisões na vida e assumi-las; que trabalho de Umbanda não tem preço, sua vida também não, não banalize a Umbanda, não banalize sua vida.

Exu é Espelho de Seu Médium

Quando comecei na Umbanda, por volta de 1996, tínhamos um pequeno grupo de médiuns conduzido por uma médium inconsciente que incorporava um Exu Capa Preta e me ajudava bastante. Um Exu muito querido, muito bom de trabalho e muito interessado em ajudar a todos, mas principalmente interessado em nos ajudar a melhorar como pessoas. Éramos todos jovens, conduzindo jovens, alguns até adolescentes e todos fazendo parte desse grupo. Seu Capa Preta, que era o Exu de trabalho responsável pelo grupo, certa vez, passou do limite, na minha opinião, claro. Em um trabalho fechado para os médiuns, ele exagerou no modo de se expressar, de uma forma chula, baixa, agressiva, com excesso de palavrões e insinuações sexuais para as médiuns mulheres e os homens também. Aquilo me incomodou muito. Não era uma situação fácil nem simples, aquele Exu era meu mestre, conduzia o grupo e já havia me mostrado sua sabedoria várias vezes. Inclusive ele conhecia muitas das suas e de minhas encarnações; era uma manifestação incrível como entidade espiritual e guia. Sabia que ele era muito mais do que aquilo que estava vendo ali, sabia que não era possível que um guia espiritual concordasse com aquele comportamento. Eu não concordava com aquele comportamento.

Quando terminou o trabalho, depois que todos foram embora, expliquei a situação para a médium e disse que gostaria de conversar com seu Capa Preta em particular. Embora estivesse começando, éramos eu e ela que conduzíamos o grupo. Eu não tinha a opção de ir embora, o grupo era meu também, no entanto, a dirigente era ela, mas não aceitaria aquela situação, pois sabia que aquele Exu era muito mais e melhor do que o que eu estava vendo ali.

Chamamos Exu Capa Preta em terra e, assim que incorporou, a primeira coisa que ele falou foi:

– *Salve careca, tá querendo me doutrinar?*

– *Não senhor. Só quero entender o que está acontecendo aqui. Eu sei que o senhor não é assim, sei que o senhor não precisa de doutrina. O senhor é nosso mestre, o senhor é nosso guia. Só preciso entender o porquê disso tudo.*

– *É simples, careca. Estou apenas me comportando como vocês. Lá fora é assim que todos se comportam e aqui dentro querem se fazer de anjos. Ninguém achou meu comportamento estranho, pelo contrário, acharam engraçado, divertido, igual ao deles. Estou dando corda para ver até onde nós vamos com isso. Estou aqui apenas repetindo o comportamento do grupo e me comportando de uma forma que agrada a todos. Se você não viesse me questionar, se você não se incomodasse, se você não percebesse algo estranho eu continuaria assim. Minha intenção era ver se esse comportamento iria chocar ou incomodar alguém. Agora pode contar a todos esta nossa conversa e dizer que eu espero que eles melhorem em seu dia a dia para que o nosso trabalho melhore aqui dentro. Diga que é preciso ser bacana lá fora e aqui será apenas um resultado, um reflexo, um espelho da vida que levam e da vida que querem levar.*

Esse Exu me deu uma grande lição sobre a relação entre os Exus e os médiuns. Depois dessa conversa, tudo mudou em nossos trabalhos.

Tempos depois, Pai Rubens Saraceni recebeu da espiritualidade um material sobre Exu para passar aos alunos do primeiro grupo de estudos da Teologia de Umbanda Sagrada, e esse material dizia que Exu se comporta de forma especular, como um espelho de seu médium. Podemos dizer que uma gira de Exu espelha o comportamento e os interesses do grupo. Esse material do Rubens, que era apenas uma apostila, foi organizado em formato de livro e publicado como *Livro de Exu*,[25] e é uma das obras de base para este nosso estudo. Ali ele explica esse comportamento especular de Exu e dá exemplos:

Médiuns soberbos – Exus prepotentes
Médiuns tímidos – Exus circunspectos
Médiuns briguentos – Exus encrenqueiros
Médiuns chulos – Exus desbocados
Médiuns conquistadores – Exus galanteadores
Médiuns invejosos – Exus egoístas
Médiuns infiéis – Exus falsos
Médiuns mandões – Exus soberbos

Mas também temos os Exus que refletem de forma especular o íntimo positivo dos seus médiuns:

Médium generoso – Exu interessado
Médium bondoso – Exu discreto
Médium caridoso – Exu desinteressado
Médium compenetrado – Exu rigoroso
Médium fiel – Exu leal
Médium tenaz – Exu fiel
Médium trabalhador – Exu compenetrado
Médium demandador – Exu aguerrido
Médium estudioso – Exu sábio
Médium correto – Exu vigilante

---

25. Saraceni, 2015, p. 12-13. Obra publicada pela Madras Editora.

Chuta que é Macumba?!

Você chutaria o que é sagrado? O que lhe é sagrado você não chuta, então por que chutar o que é sagrado para a outra pessoa?

A grande maioria do que vemos de entregas, despachos e oferendas, mesmo em ruas e encruzilhadas, são manifestações do sagrado de alguém para fazer o bem para si mesmo ou para outra pessoa. Isso que se acostumou chamar de "macumba" não é o que você pensa ser "macumba". Afinal, todos pensam que "macumba" é "magia negativa", "feitiçaria", "bruxedo", mas no fundo ninguém sabe realmente o que é "macumba". Ainda se usa muito o termo "magia negativa", que não é mais correto de dizer pelo fato de que "negro" é etnia, e assim "magia negativa" se confunde com "magia do negro" e "magia africana", tudo associado, preconceituosamente, como magia do mal. Assim como "magia branca" se associa com "magia do branco" ou "magia europeia", algo mais nobre e superior. Temos sim "Magia" para o bem ou para o mal. E dentro deste universo há diversas escolas, vertentes e segmentos mágicos, entre eles, por exemplo, a "Magia Divina", idealizada na matéria por Rubens Saraceni como uma "Magia do Bem" exclusivamente utilizada para fazer o bem.

No caso de elementos que vemos nas ruas, como velas, alguidares, garrafas, farofa e até animais, em sua maioria são pedidos de ajuda para Exu e Pombagira (principalmente se estão nas encruzilhadas). Aí cada vez se enrola mais e mais o preconceito com a ignorância e a discriminação. A grande maioria da população não sabe nada sobre religião, Umbanda, Candomblé, despachos, oferendas, Exu, Pombagira ou encruzilhadas, no entanto todos acham que sabem. Muitos até têm certeza de que sabem alguma coisa, de que sabem que tudo isso é macumba feita pra prejudicar alguém. Daí surgiu esta expressão como verbalização de um comportamento ignorante e criminoso: "chuta que é macumba".

Sabe o que é o "mal"? O "mal" é invariavelmente um espelho do seu ego, vaidades e vícios. Você vê no outro o que está em si mesmo. Então aprenda uma coisa de uma vez por todas:

NÃO CHUTE, porque é SAGRADO!

Exu Vai te Pegar?!

Enquanto alguns "chutam a macumba", outros não chutam porque têm medo, mas ambos têm o mesmo preconceito. Um tempo atrás ficou conhecido um vídeo em que policiais chutavam uma oferenda de Exu enquanto filmavam tudo. Para eles, naquele momento, parecia um ato de coragem "chutar a macumba".

Assim, muitos "chutam a macumba" como um ato de valentia, para mostrar que não têm medo ou que "o seu deus (minúsculo, mesmo) é maior", como se Deus estivesse preocupado com a valentia e a infantilidade de cada um.

A ideia é que aquela "macumba" (oferenda) tem um dono, e se você mexer nela ele vai pegá-lo.

No filme *Besouro*,[26] o personagem Chico, que está revoltado com a vida e com a sua própria situação, se rebela e, a caminho da feira, chuta uma oferenda. A Mãe de Santo, vendo aquilo, ainda o adverte, dizendo: "Chico, é de Exu".

Na feira, Chico tem uma barraca de peixes e quem aparece ali para provocá-lo ? EXU! Isso mesmo. Ninguém menos que Exu. Apenas Chico e Besouro conseguem ver Exu; a Mãe de

---

26. O filme *Besouro* narra a história de um lendário capoeirista brasileiro. Durante as cenas, personagens e Orixás ocupam um mesmo espaço, no qual aparece uma forma possível de haver um relacionamento entre ambos. Produzido de maneira ímpar, podemos dizer que Exu rouba a cena, literalmente, quando vemos a perfeição com que são retratadas sua imagem, postura e atitude. Se você ainda não viu esse filme nacional, corra que está perdendo uma preciosidade de nossa cultura e universo religioso em particular.

Santo apenas sente a presença de Exu e percebe o que está por vir.

Então Exu vai, calmamente, em direção de Chico e lhe pergunta do peixe, joga o peixe para o ar, provoca-o, e começa a discussão com Chico, que destrói a própria barraca. Para os outros, que não estão vendo Exu, Chico está louco, falando sozinho e quebrando tudo. Para quem está assistindo ao filme, parece mesmo é que Exu veio se vingar, porque Chico chutou sua oferenda.

Será que é isso? Exu vem se vingar?

Com certeza, não! Exu não se vinga, no entanto, Exu representa a Vida. Exu é o mensageiro da vida cobrando o desrespeito de uma pessoa pelo que é sagrado para o outro. Exu é mensageiro da vida que vem para dar uma lição aos arrogantes, soberbos, prepotentes, vaidosos, preconceituosos, intolerantes, valentões e outros que necessitam conhecer um novo caminho, talvez o caminho da dor para um novo aprendizado de humildade, reverência, respeito e amor ao próximo. Exu é a vida trazendo uma nova lição ao "aprendiz" carente de novos ensinamentos.

E assim recomendo o filme *Besouro*, de João Daniel Tikhomiroff, 2009, em que o Orixá Exu é muito bem representado, com cenas e falas que em muito demonstram um pouco do que é Exu.

Doutrinando "Seu" Exu?!

Muitas vezes, ele atua como um espelho, refletindo em seu comportamento os defeitos e qualidades de seu médium. Não estamos falando aqui de mistificação nem animismo, mas de um comportamento em que, pela convivência, um exterioriza qualidades e defeitos do outro. Apesar de Exu ter opinião própria, ele a manifesta em linguagem simples e direta de forma que todos entendam. É ele a entidade mais próxima à nossa realidade e anseios materiais. Quando o médium começa a se desenvolver, costuma ouvir que há a necessidade de doutrinar seu Exu. É natural que o médium não tenha doutrina no início de sua jornada espiritual e Exu exterioriza isso em seu comportamento, mas após boa doutrinação da entidade, veremos a necessidade de doutrina também para o médium que acaba de chegar à casa. Durante o desenvolvimento mediúnico é ainda natural que o Exu se apresente pedindo sua oferenda, pois sua força é potencializadora e vitalizadora da mediunidade.

Esse mesmo médium que está iniciando na Umbanda encontra todo um universo novo aos seus olhos, e Exu costuma ser algo intrigante e fascinante ao mesmo tempo: quando não se compreende a entidade, sua força assusta um pouco os que não o conhecem.

A questão é: **enquanto o médium estiver preocupado com a doutrina de "seu" Exu, estará também se doutrinando, subconscientemente!**

Devemos, sim, estar atentos quando nos deparamos com entidades de esquerda sem doutrina, muitas vezes estão chamando nossa atenção a seu médium, para que tomemos uma atitude doutrinária em relação a ambos.

Tudo isso é bem diferente de um obsessor ou kiumba, trazido por transporte, que normalmente tem comportamento rude e agressivo. Falamos aqui do Exu de Lei que acompanha o médium como entidade de trabalho na esquerda.

Não devemos subestimar Exu, achando que é entidade sem luz desprovida de evolução, observando apenas um aspecto externo e superficial, pois **quando vamos com a farinha, ele já voltou com a farofa**. Devemos sim ficar atentos com o que os Exus nos dizem nas entrelinhas, ou o que querem nos passar, quando não podem ou não se sentem à vontade para revelar.

Quanto ao que pode revelar, pergunte-lhe sobre o médium e seu comportamento, e verá que Exu é o primeiro a apontar os defeitos de seu "cavalo", e isso está ainda dentro da **qualidade especular de Exu**.

No desenvolvimento mediúnico, é ele um elemento de muita importância, pois dá força e potencializa as faculdades mediúnicas; não é difícil encontrarmos Exu pedindo para ser oferendado logo no início da vida mediúnica.

Em uma casa de luz, em um terreiro de Umbanda de fato, Exu não aceitará trabalhos de ordem negativa a favor de futilidades ou egoísmos. Veremos Exu trabalhando com seriedade e em sintonia com as entidades da direita, ou seja, não virá em terra para contrariar todo um trabalho de doutrina realizado por Caboclos e Pretos-Velhos. Encontraremos até Exus dando consultas, limpando e descarregando consulentes, fazendo desobsessão e outras coisas mais dentro do mesmo objetivo, e até dando bons conselhos aos que a ele procuram.

Por tudo isso, somos gratos a Exu e Pombagira por trabalharem conosco a favor da luz. E afirmamos que muito do que se fala de Exu e Pombagira ligado à magia negativa nós desconhecemos, mas também sabemos que muitos tentam se passar por Exu, mas aí já não é mais Umbanda. Umbanda, acima de tudo, é Amor e Caridade, Exu não deve vir em terra para dar o contra no trabalho de direita.

Tabu e Preconceito com Exu

Antes mesmo de se desenvolver, os médiuns que nunca incorporaram já ouvem várias histórias de como deve ser a manifestação de seu Exu, assim incutindo preconceito no médium que já possui um certo receio decorrente do "mito" criado por praticantes da nossa religião. Cria-se um tabu a respeito de como deve ser o comportamento da Entidade: ele não deve rosnar, não deve babar, não deve fumar, não deve beber, não deve ser muito torto, mas também não pode ser ereto, não pode ser mal-educado, nem falar palavrão e, se não corresponder às expectativas, não é entidade de lei!

Será mesmo? Uma vez um Preto-Velho me disse: *"Filho, os Guias são como são, e não como o cavalo quer que ele seja"*. Acontece de o Exu precisar fumar um cigarrinho, beber um ou dois dedinhos de pinga para baixar a vibração do médium. Em alguns casos, isso resolve problemas, como Exus que mal conseguem se manifestar por meio da incorporação e, por um problema de sintonia, só babam e rosnam. Nessas ocasiões, tente conversar, ofereça "um marafo", um cigarrinho e observe as melhoras. Ninguém irá incentivar a bebedeira nem o descambo do comportamento, apenas usar o bom senso. O fato de um Exu ser todo recurvado e comandar uma gira não implica que todos os outros serão como ele, o que há é respeito, mas não a "clonagem" do comportamento.

Exus "boca-suja" costumam incorporar em médium em igual condição, por afinidade. Se o médium melhora de comportamento, igualmente o Exu se acostuma e, na convivência, vai mudando também, afinal estamos falando aqui do nosso Exu de trabalho incorporante, e ele passa bastante tempo ao nosso lado numa simbiose em que muito da nossa personalidade é passado a ele, e muito da dele é passado a nós. Demorei a entender e assimilar o que aqui está escrito, foi um trabalho lento e de mútuo aprendizado com os EXUS que sustentam nossos trabalhos. Sou eternamente grato a eles pela paciência e pela sabedoria com que, "homeopaticamente", foram me esclarecendo da maneira como melhor trabalhariam em nossas vidas!

"Exu Faz o Bem e Faz o Mal? Depende, o que Você Pede para Ele?"

Até quando vamos aceitar que estas perguntas se tornem afirmações:

Exu faz o bem e faz o mal!?

Depende do que você pede para ele!?

E dizer que não temos nada a ver com isso!

Até uma criança sabe o que quer dizer cumplicidade, ser cúmplice no erro é crime e é burrice, ser cúmplice no erro é assumir o carma alheio, ser cúmplice no erro é errar duas vezes. Exu na Umbanda não é cúmplice do erro alheio. Médium caído nas trevas da sua própria ignorância é que passa a ser cúmplice do erro de outro e atrai para si entidades negativas que vão envolvê-lo em suas tramas de dor, ódio e vingança com encarnados escravos dos próprios sentidos desvirtuados.

Exu na Umbanda é LEI, é LUZ, é VIDA.

Aceitar a ideia de que Exu é cúmplice, aceitar a ideia de que Exu faz o Bem e faz o Mal, é aceitar que ele seja mesmo o "demônio", "tinhoso", "coisa-ruim", "trevoso", tudo menos Exu de Lei, e, na Umbanda, Exu sempre vem na Lei, quando tem já a liberdade de dar consulta e orientar.

Exu como guia espiritual está sempre na Lei. Exu como guia quer evoluir e quer também a minha evolução. Exu como guia é orientador e tem uma consciência maior do que a minha.

Exu é Luz em minha vida, e Pombagira também é Lei, Luz e Vida.

Só não vê quem não quer. Exu e Pombagira são pontos forte e fraco na Umbanda; forte se conheço e fraco se desconheço.

Exu e Pombagira são espelhos de nós mesmos.

Se conheço minha sombra, se conheço minhas trevas, se conheço meu ego, se conheço meus vícios, se conheço minhas paixões e me proponho a trabalhar sentimentos, pensamentos, palavras e atos, então esse conhecimento me torna forte.

Se desconheço ou se coloco para debaixo do tapete minhas dores, medos e traumas, então passo a me reprimir, torno-me hipócrita e repreendo no outro o que eu gostaria de vivenciar.

Exu e Pombagira nos ajudam a lidar com essas questões, ajudam a lidar com nosso ego, com nossas dores, com nossas paixões, para vencermos nossos desejos desequilibrados e curar nossos sentimentos.

Pena que tantos olhem para Exu e Pombagira e só consigam ver justamente o contrário, querem usar de sua força e poder para vivenciar ainda mais seus desequilíbrios. Um dia acordarão, o que é inevitável...

De Quem é a Responsabilidade

Mais uma vez nos deparamos, na mídia, com notícia de "Pai de Santo" que "incorporado" atentou contra o pudor.

Esse foi além ainda, abusou sexualmente das próprias filhas, dizendo que estava incorporado com uma entidade da sagrada corrente de Umbanda, o respeitado Senhor José Pelintra, conhecido entre nós como "Zé Pelintra".

E não adianta dizer que "Zé Pelintra" é isso ou aquilo, poderia ser um "Exu", poderia ser uma "Pombagira", mas uma vez incorporado, dentro de um contexto de Umbanda, há de se ter e dar o respeito ao que é sagrado para milhões de pessoas que lutam e lutaram para fazer saber que **Umbanda é religião, portanto só se pode praticar o bem**.

Não importa com qual entidade o médium esteja trabalhando, se ele é umbandista está manifestando algo que não existe fora de um contexto, por isso todos devem procurar saber **o que é Umbanda**. Saber o mínimo ao menos sobre **uma religião**, para não ser enganado por essas pessoas que **não são umbandistas**.

A primeira definição do que é Umbanda e no que consiste seu **fundamento básico** é "**a manifestação do espírito para a prática da caridade**", afirmação feita em 1908 pelo Caboclo das Sete Encruzilhadas, mentor do primeiro templo de Umbanda, Tenda Espírita Nossa Senhora da Piedade, incorporado em seu médium Zélio de Moraes. Há de se saber o mínimo de sua religião, para afirmar **sou umbandista** ou eu pratico Umbanda.

Nossos parentes e amigos, os leigos em geral, quando ouvem essas notícias que degradam nossa religião pensam que não é coisa séria e muito menos sagrada. O **Sagrado** é elemento-chave para a compreensão de uma religião e para diferenciar esta de um ato **profano**. Talvez por isso Pai Benedito de Aruanda, por meio de seu médium Rubens Saraceni, insiste que se diga **Umbanda Sagrada**: não é para criar uma nova Umbanda, mas para que todos tomem consciência de que estamos lidando com algo que é **sagrado**, pois é a manifestação de Poderes e Mistérios do **Criador** e da **Criação**.

Apenas a informação e a conscientização de nossos valores podem nos tirar, definitivamente, dessa situação. E não falta informação, não faltam meios para consegui-la, só não toma conhecimento do que é Umbanda quem não quer. E estarei aqui até o fim de meus dias na carne a lembrar e repetir as palavras do Caboclo Mirim, por exemplo, em seu médium Benjamim Figueiredo, de que "**Umbanda é coisa séria para gente séria**". E sempre nos deparamos com a questão da responsabilidade e da inconsciência, afinal não são poucos que **usam da "inconsciência mediúnica"** para se isentar da responsabilidade, como desculpa para ser **irresponsável**.

Quando estou incorporado, seja de forma consciente ou inconsciente, sou responsável e devo ser responsabilizado **por tudo** o que um espírito realiza por meio de minha matéria. **Se eu não posso me responsabilizar não devo trabalhar**, pois com certeza **serei responsabilizado**, em todas as instâncias, e é certo.

E quem é inconsciente? Como se responsabiliza? É muito simples: se eu trabalho com um espírito na Umbanda, esse espírito **deve respeitar a mim e aos outros, sempre**. Dessa forma nunca teremos problemas, trabalhando com ética, respeito e **bom senso**.

Se eu incorporo um guia espiritual é porque ele tem condições espirituais melhores que as minhas, pois quando assim não for, se trata de uma entidade a ser doutrinada, que não vai orientar ninguém porque não tem orientação própria.

E mais uma vez, como parte dos fundamentos básicos, nos norteamos por mais palavras do Caboclo das Sete Encruzilhadas: "**com quem sabe mais, aprenderemos, e a quem sabe menos, ensinaremos**". Isso é fundamento!

Fundamento é base de sustentação, não tem nada a ver com a cor da vela que se usa, se acende a vela com fósforo ou isqueiro, se usa saia ou calça, se incorpora descalço ou calçado. Isso são detalhes que dão a cor da diversidade, da pluralidade umbandista.

Fundamento é a base da Umbanda, fundamento é a unidade.

Fundamento é o que nos torna iguais como umbandistas, apesar de nossas diferenças, dessas pequenas diferenças. É a quebra de um fundamento como a caridade, por exemplo, que faz com que um trabalho deixe de ser considerado Umbanda. É um ato que vai contra a lei dos homens, também, que nos coloca à margem. Por mais que vivemos para a espiritualidade, antes, temos que lembrar que vivemos em sociedade, na qual todos temos direitos e deveres.

Sem esquecer que a liberdade de um termina no exato ponto em que começa a do outro.

Atitudes de **atentado ao pudor, exposição ao ridículo, constrangimento público** e **falta de respeito** ao próximo **não são Umbanda!**

Umbanda é religião, portanto só pode praticar única e exclusivamente o bem. Não se engane nem se deixe enganar, o contrário do bem não é Umbanda.

E não adianta racionalizar com afirmações do tipo "o bem é relativo". Estamos falando da intenção absoluta e mais um dos fundamentos de Umbanda: "**fazer o bem sem olhar a quem**". E se precisamos de mais fundamentos, basta recordar que na quase totalidade de nossos terreiros está a imagem de Cristo, para nos lembrar de que seu mandamento maior também é um de nossos fundamentos: **ame ao próximo como a si mesmo**.

Cristo está entre nós, assim como Oxalá. E, para finalizar, basta dizer que **não existe religião sem a premissa da regra de ouro**, presente em todas as religiões: **não faça ao outro o que não quer para si**.

Umbanda é religião! Quem tiver dúvida procure se informar sobre o que é religião e sobre o que é Umbanda, pois não podemos mais aceitar a ignorância e muito menos a profanação do que é sagrado em nossa **Umbanda Sagrada**.

Exu x Espiritismo

Salve amados irmãos, é com muita alegria que recebo esta oportunidade para falar de Exu e vou aproveitá-la para esclarecer um assunto que me parece polêmico: o fato de existir ou não Exu trabalhando junto às correntes espíritas "kardecistas".

Bem, uma coisa é clara, para todos nós: em sua forma característica, Exus não incorporam no kardecismo, isso é fato, mas afinal há ou não espíritos no grau de **"guardiões" a proteger o trabalho Kardecista**? Para que cada um julgue e considere segundo suas concepções do que é um Exu, vou me limitar apenas a transcrever alguns trechos de livros da série *Nosso Lar*, de André Luiz, psicografados por Chico Xavier:

> De súbito, um companheiro de alto porte e rude aspecto apareceu e saudou-nos da diminuta cancela, que nos separava do limiar, abrindo-nos passagem.
> Silas no-lo apresentou, alegremente.
> Era Orzil, **um dos guardas da mansão**, em serviço nas sombras.
> A breves instantes, achávamo-nos na intimidade de pouso tépido.
> **Aos ralhos do guardião** dois dos seis grandes cães acomodaram-se junto de nós, deitando-se-nos aos pés.

Orzil era de constituição agigantada, figurando-se-nos um urso em forma humana.

No espelho dos olhos límpidos mostrava sinceridade e devotamento.

Tive a nítida ideia de que éramos defrontados por um penitenciário confesso, a caminho da segura regeneração.

Do livro *Ação e Reação*, p. 62, 1956.

Três **guardas espirituais** entraram na sala, conduzindo infeliz irmão ao socorro do grupo.

Do livro *Nos Domínios da Mediunidade*, p. 53, 1955.

Apenas o irmão Cássio, um **guardião** simpático e amigo, de quem o assistente nos aproximou, demonstrava superioridade moral.

Do livro *Nos Domínios da Mediunidade*, p. 251. 1955.

Bem, não precisamos nos alongar, não é? Encontraremos o mesmo tema abordado em várias outras obras de cunho Espírita-Kardecista, só para citar mais uma, do autor J. R. Rochester[27], que se é polêmica, ao mesmo tempo, tornou-se um clássico: temos na obra *Os Magos* (1910) um certo Abin-ari, espírito sem luz que vive de retirar de nosso meio os espíritos rebeldes e "larvais" que se voltam contra a humanidade. Espero ter ajudado na compreensão do mistério Exu, que forma uma hierarquia muito forte de trabalhos espirituais no astral, onde muitas dessas hierarquias já estavam formadas antes da Umbanda, mas que por ela foram absorvidas sem deixar de prestarem o seu trabalho a outras religiões ou grupos espiritualistas. Onde estiver um "guarda do astral", um "guardião da luz para as trevas", um "penitenciário confesso" trabalhando no resgate e proteção en-

---
27. ROCHESTER, 1999.

tre a luz e as trevas, lá estará o que na Umbanda se chama Exu. No caso do Kardecismo, vimos esses guardiões trabalhando no astral, só não tem eles ali a liberdade de ação que encontram na Umbanda de incorporar, fazer descarrego, barganhar com outros incorporados, trabalhar na magia, porque tudo isso não cabe dentro da dinâmica Kardecista. É próprio de Umbanda.

Um abraço de seu irmão em Oxalá, Alexandre Cumino.

Chifre e Pé de Bode

Na Umbanda, historicamente, a gente cita Aluízio Fontenelle, em 1952, como alguém que fez a demonização interna associando Exus aos "demônios". No livro dele consta um desenho de Exu como algo demoníaco ou parecido.

Se desconsiderarmos o Aluízio, vamos ver que de alguma forma alguns umbandistas aceitaram a ideia de que Exu é o mal associado a imagens negativas do inconsciente coletivo.

Na prática, houve a colaboração de algumas fábricas de imagens (gesso) – como a própria Imagens Bahia –, que passaram a fabricá-las, diga-se de passagem, a pedido de seus clientes da Umbanda, Quimbanda e Magia Negativa.

Surgiu um comércio em torno das imagens e a rotulação dos nomes associados.

Assim, um novo médium de Umbanda, ao saber que seu Exu é Tiriri, vai a uma loja de imagens à procura da imagem do Sr. Tiriri, e o que tem ali ele aceita e acaba até comprando.

Na clarividência, alguns Exus se mostram muito humanos, no entanto – ainda na clarividência –, um ou outro pode assumir uma forma não tão agradável. Isso não inclui chifres e rabo. Porém, se pensarmos em outras realidades e descer às trevas, mais especificamente do quarto ou quinto grau para baixo, as formas animalescas são comuns e não será difícil encontrar lá embaixo algum guardião que tenha algo mais animalizado em sua forma.

Vimos no texto anterior – de André Luiz, psicografado por Chico Xavier –, o Guardião Orzil, que também possui formas animalescas e ainda assim trabalha para a Luz e a Lei.

E na obra do Rubens Saraceni vemos muitas situações em que nos deparamos com espíritos que assumem formas diversas.

De alguma maneira, chifres e outros elementos impõem medo e até respeito em certos lugares do astral inferior.

Não creio que seja necessário aqui nos trabalhos de Umbanda, mas de todo há algo de fantasioso, no entanto nem tudo o é.

Tranca-Ruas do Mal?!

Quando estamos em um Terreiro ou Tenda (Templo) de Umbanda e um guia, um Caboclo, por exemplo, diz que "tem uma demanda de Tranca-Ruas com você" ou que "Tranca-Ruas está demandando contra você" e, para completar, em algumas situações, o caboclo chama um "dito-cujo" de Tranca-Ruas, e esse dito-cujo como Tranca-Ruas incorpora em alguém para confirmar que fez ou está fazendo algo de mal a você e que, agora, vai tirar ou vai negociar, o que de fato está acontecendo, levando em conta que "Tranca-Ruas" é o nome de uma falange com milhares de espíritos dedicados ao bem e a proteger seus médiuns dentro da Lei Maior e da Justiça Divina? Aqui usamos o nome Tranca-Ruas por sua popularidade, poderia ser qualquer outro nome conhecido, como Tiriri, Sete Encruzilhadas ou Capa Preta. E o mesmo exemplo poderia se estender ao que acontece em igrejas neopentecostais ao incorporar um "tinhoso", "dito-cujo", e ele se identificar como "Tranca Ruas".

Vamos dar uma volta e entender algumas questões que são premissa para visualizar o todo desta questão que muitos de nós sentimos na pele.

Por meio da Magia Negativa muitos ativam o "mistério" de Exu, e não as entidades ou guias. Este é um ponto crucial. Em muitos casos, por intermédio do mistério, algumas entidades atuam, mas fogem de um entendimento comum do que seria uma atuação de Exu. Já é difícil entender Exu atuando por meio da Umbanda, e se a gente começar a querer compreender como Exu trabalha no Catimbó, na Quimbanda, no Candomblé, no Espiritismo ou mesmo nas outras religiões, nas quais ele atua usando outros nomes, vira uma complexidade de informações.

Por intermédio da Magia, o que se ativa é o mistério. Quando uma entidade atua junto disso vem de acordo com a Lei de Ação e Reação, Livre-Arbítrio, Lei do Aprendizado e muitas outras questões que determinam o seguinte: não existem regras definidas para a atuação de Exu no caso de magias negativas, nas quais alguém vai a uma encruzilhada pedir o mal para outro alguém.

A única certeza é de que a pessoa que pediu o mal terá o mal de retorno em sua vida. Se tiver dois ou mais envolvidos, todos vão ter o seu retorno merecido. Por exemplo, um infeliz contrata um safado para fazer um trabalho negativo na encruzilhada evocando Exu com finalidades escusas.

Quem responde? Quem atende?

A única certeza é de que a Lei Maior e a Justiça Divina estão presentes em tudo, e todos os Exus de Lei sabem disso e trabalham em nome dessa mesma Lei, certo?

Então, se a pessoa que faz trabalhos negativos já atua com uma falange de obsessores e espíritos negativos e negativados, eles mesmos podem estar atuando em nome de Exu e aí, mais cedo ou mais tarde, o mistério vai envolver a todos.

Nesse caso como em outros, o livre-arbítrio é o que permite e dá a liberdade para eu pegar uma pedra e jogar em quem eu quiser. Mais uma vez, a Lei e a grande orquestra do universo determinam que mesmo quando pegamos uma pedra ao "acaso" e atacamos em alguém – como a menina do Candomblé que tomou uma pedrada por conta do preconceito –, vamos descobrir que acaso não existe, e mesmo quando alguém faz magia negativa para um outro alguém, não é o acaso nem a simples maldade que regulam esse fato. Existe uma razão para quem leva a pedrada ou quem recebe a demanda, que nem sempre tem a ver com a ideia mais rasa do "merecimento", "ação e reação" ou "karma" no conceito espírita.

Assim, continuando a reflexão, temos a liberdade de atacar uma pedra, uma palavra, um pensamento ou uma demanda negativa em quem quisermos. O resultado nunca é padrão. Quem ataca pedra (ou dá um tiro) pode ser repreendido, preso, receber um soco, outro tiro, etc. Pode também ser perdoado. A questão é se o agressor consegue perdoar a si mesmo, se o agressor tem consciência ou não, se o agressor se arrepende. Quem agride também tem algo para aprender. A única serventia da lei de retorno é trazer uma lição. Então a vida vai apresentar situações para esse agressor aprender no amor ou na dor algo com isso. O que atrai o retorno e as situações é o padrão mental do agressor. A tudo a Lei acompanha e Exu pode estar envolvido ou não.

Assim como tudo isso e muito mais é levado em consideração a quem atira uma pedra, o mesmo é levado em conta a quem atira uma palavra, um pensamento ou uma demanda negativa.

Quando alguém pensa ou verbaliza algo de negativo, como uma praga ou maldição para o outro, isso por si só já negativa mais ainda a pessoa que pragueja, atraindo o mal à sua vida.

Vamos considerar que alguém acende uma vela e faz uma magia negativa para atingir o mistério do anjo da guarda de uma pessoa. Antes de atingir o anjo da guarda do outro, o seu próprio mistério anjo da guarda já fica negativado. Quero dizer que não é o mau anjo que negativa ou vira, e sim o mistério e a minha relação com ele. Claro que tudo isso é complexo, e é por essa razão que os estudos de magia e Umbanda são algo permanente e para a vida toda. Da mesma forma, qualquer resposta superficial ou qualquer resposta padrão, como se tudo fosse igual, passa a ser interpretação rasa, leviana e equivocada.

Cada situação é única e deve ser interpretada de maneira única.

Voltando ao Exu na encruzilhada, quem responde? Mesmo quando alguém chama Exu, quem responde em tudo é a vida, a Lei Maior e a Justiça Divina. Fica vago? Pode ser, mas isso quer dizer apenas uma coisa: que não se podem estabelecer regras. Podem responder os obsessores, podem responder espíritos negativos, pode responder uma entidade de lei, pode responder um espírito equivocado usando nome de Exu, no entanto Exu tudo vê e, mesmo por meio de entidades negativas, Exu pode responder, se for o caso de trazer experiência e ensinamento necessários a todos.

Para ser mais específico, alguém vai à encruza e chama "Tranca-Rua" para prejudicar o próximo. Pode ser que esse alguém já trabalhe com um obsessor usando o nome de Tranca-Rua, então ele mesmo vai atuar e Tranca-Rua vai acompanhar. A Lei da Liberdade (livre-arbítrio) garante que a demanda seja enviada, a lei da harmonia do universo garante que isso também não acontece por acaso: quem manda a demanda tem algo a aprender e quem a recebe também.

Tranca-Rua acompanha e determina se deve ou não interferir. O Mistério Tranca-Ruas, o grande hierarca Tranca-Ruas, acompanha o que é feito em seu nome e se for necessário envia um emissário do mistério, uma entidade para atuar contra ou a favor.

Isso é o que acontece também quando alguém que não tem ligação com nenhum obsessor vai à encruzilhada chamando Tranca-Ruas para o bem ou para o mal. O mistério ouve e encaminha alguém para atender, se a ação é negativa ou não, ou se vai atuar de forma negativa ou não aos nossos olhos, depende do mistério e da Lei Maior, que quer dizer todas as leis ao mesmo tempo.

Por exemplo: alguém pede o mal para um outro safado que também precisa receber o mal como forma de aprendizado.

Exu, por meio de lei, pode vir atender e acatar. Quem recebe a demanda, nesse caso, pode levar um choque que na verdade vem da vida, como retorno de quem ele é e o que tem feito. Nessa situação, a pessoa pode se dar conta de que as coisas não vão bem e que deve mudar algo em sua vida.

Para entender melhor essa questão, recomendo o excelente livro *Memorias de um Kiumba*, do médium José Usher, no qual se revela como funciona no astral essas organizações de Kiumbas, utilizando-se dos nomes de Exus para fazer o mal em nome de Tranca-Ruas, por exemplo.

Incorporação do Bem ou do Mal?

Como saber se estamos incorporando alguém do bem ou do mal?

A incorporação é algo bom ou pode, em algumas situações, ser algo ruim ou oferecer algum risco ao médium?

Essas são algumas dúvidas que às vezes preocupam o médium iniciante e ainda inseguro da mediunidade de incorporação.

No entanto, esse médium deve observar que antes de incorporar ele pode sentir a energia da entidade que está se aproximando e, assim, é possível identificar quem vai se manifestar.

Antes de incorporar algo negativo, do "mal" ou indesejado, o médium sente a energia e percebe que não é boa. Dessa forma, depois de desenvolvida essa percepção e consciência mediúnica, o médium pode e deve bloquear uma incorporação indesejada.

Caso o médium seja ainda muito inexperiente é possível que incorpore uma entidade negativa, então, por meio de sua parcela de semiconsciência, deve exercer um domínio parcial estabelecendo limites para essa manifestação. Caso o médium seja sonambúlico e inconsciente, então é certo que seus guias estabelecem os limites e dominam a situação.

Quando vemos situações de médiuns que incorporam seres trevosos e estes dizem que vão matar, que vão acabar com a vida do médium, que vão destruir tudo, então é preciso analisar mais de perto para entender por que isso está acontecendo. Sim, porque muitas vezes há uma vontade inconsciente de chamar a atenção, como uma carência e uma necessidade de estar no papel de vítima. Pode ser que esse médium venha há algum tempo se afinando com tal entidade, e então essa incorporação acontece dessa forma para que o médium se dê conta do que o está envolvendo. Mas o que importa é que o médium bem trabalhado, bem lapidado e consciente de seu dom de incorporação tem condições de evitar uma incorporação indesejada.

Não apenas esse é o receio dos médiuns, como também há o receio de incorporar espíritos enganadores (mistificador) se passando por seus guias espirituais. Quanto a isso, o que podemos dizer é que sua maior proteção é caminhar na verdade e na sinceridade. Espíritos enganadores se envolvem com pessoas enganadoras. Onde há amor, verdade e sinceridade, não há perigo de o médium ser enganado dessa forma. Um espírito pode tentar disfarçar algo, mas não pode fingir sentimentos e vibrações. O médium sempre tem como identificar, sentir e perceber a energia e vibração de seus guias.

Se estamos trabalhando mediunicamente em um templo, é fato que este é como uma fortaleza astral. Ninguém entra em um templo pelo lado espiritual sem ser convidado. Todo templo é protegido por guardiões que evitam a presença de entidades indesejadas. Se por um acaso essas entidades se manifestarem no templo é porque está sendo permitido para se realizar uma desobsessão, doutrinação ou, simplesmente, para um consulente se dar conta de quem o acompanha.

A mediunidade de incorporação não é algo descontrolado, solto ou arredio, e sim um dom a ser trabalhado, educado e lapidado.

Medo de Kiumba

Domingo, 9 de janeiro de 2018, 7h36, Parque do Ibirapuera.

Circulou na internet e em grupos de WhatsApp um texto sensacionalista e assustador explicando o que é um kiumba, espírito negativo e devotado ao mal, em que dizia o perigo de um médium ser enganado por um kiumba que supostamente incorporaria no lugar de seus guias da direita ou da esquerda. É o tipo de texto que não ajuda em nada, servindo apenas para assustar tantos médiuns que se encontram iniciando seu desenvolvimento mediúnico de incorporação na Umbanda. Seguem algumas considerações minhas acerca dessa dúvida.

A princípio, parece interessante descrever um "kiumba", no entanto é o mesmo que descrever um "bandido", e a pergunta que não quer calar é bem simples: se um bandido, alguém dedicado ao mal, um mau-caráter, mal-intencionado incorporar em você, então você não saberá a diferença entre ele e seu guia?

Um kiumba o engana? Engana toda a espiritualidade e guardiões que guardam o templo? A entidade dirigente não tem controle sobre isso?

A não ser que o dirigente (sacerdote) também esteja incorporado com um kiumba, ninguém em seu templo estará incorporado de um kiumba.

Durante o desenvolvimento mediúnico, o dirigente ou os dirigentes do templo verificam a índole do médium e sua corrente espiritual. Médium de má índole não permanece em um templo, a não ser que esse templo esteja corrompido e lá ele encontre o que é do seu interesse.

Onde impera o amor e a caridade não sobra espaço para kiumba.

Um dos maiores dramas de um médium em desenvolvimento é o medo de estar incorporando algo que não é bom, um kiumba. Então alivie seu coração, pois é ele mesmo que pode medi-lo.

Comportar-se bem, ser cordial, dar nome e riscar ponto, qualquer médium ou espírito pode fazer isso, seja guia ou kiumba. Então a única medida é a do coração, a medida do amor.

Avaliar um espírito por seu comportamento é no mínimo infantil. Em um local onde se aceitam maledicência, falta de respeito, constrangimento público, agressão e vulgaridade está tudo errado, não há nem o que questionar e o erro começa com o dirigente.

Então a medida é o amor; se não houver amor, procure em outro lugar. Ao olhar para si não pergunte se está incorporando um kiumba, pergunte apenas se você tem amor, e se a resposta for um "sim", não há nada com que se preocupar.

O que é o Sacrifício Animal?

O sacrifício animal é um ato sagrado e ritual em que, primeiro, devemos reconhecer e aceitar o fato de que somos carnívoros e nos alimentamos de carne animal. A partir do momento em que nos conscientizamos de que alguém mata animais para nos alimentar, então devemos tomar conhecimento do porquê esses animais morrem. Depois, busca-se uma consciência da vida que se vai para manter a sua vida e, neste ínterim, eleva-se o pensamento a Deus para entender esse processo e até onde é natural comer carne. Você deve agradecer ao animal que "dá", ou melhor, perde sua vida, para você manter a sua. Então eleva-se novamente o pensamento a Deus e busca-se uma comunhão com o sagrado nesse ato ritual.

É uma grande hipocrisia um carnívoro criticar o sacrifício animal. Sacrifício é um sacro ofício, um ofício sagrado, algo milenar que vem de um tempo em que o homem não tinha nada de valor além da sua família, sua comida e sua fé. Com pouquíssimo conhecimento sobre si mesmo e sobre a vida, tudo era creditado na fé com suas crenças e superstições. A única coisa que esse homem tinha para ofertar para Deus era a sua comida, ou seja, a carne compartilhada para a família seria também compartilhada com Deus, tornando aquele momento sagrado, para que a morte do animal não fosse em vão e, claro, para que não faltasse alimento na mesa. Da mesma forma, quando o homem se torna agricultor, ele vai compartilhar a terra e o fruto da terra com Deus por meio de oferendas com os elementos vegetais colhidos, como uma primeira porção de cada colheita oferecida para a deidade relacionada. Também era comum oferecer algo para a terra, como, por exemplo, o leite, no sentido de agradar à divindade Terra, independentemente de seu nome (Geia, Gaia, etc.) ou de sua cultura. Com o tempo, surgiu a moeda e, então, o homem começou a ofertar para Deus uma parte do seu dinheiro como fruto de seu trabalho. Mas esse dinheiro, que faz parte de uma sociedade mais organizada, acaba sendo entregue para "Deus" na mão de um sacerdote, que deverá empregá-lo na manutenção da propriedade de Deus (Templo), de sua obra, como ações para a comunidade, e claro, para o sustento de seu "zelador", o sacerdote.

O sacrifício animal é feito por judeus, mulçumanos, hindus, candomblecistas e demais adeptos de cultos afros.

Na Umbanda não é fundamento e, portanto, não é comum nem obrigatório o sacrifício animal. Boa parte dos umbandistas nunca fez um sacrifício animal. Apenas os umbandistas que carregam maior influência dos cultos de nação afro-brasileira é que praticam o sacrifício animal. A prática da Umbanda feita com fundamentos dos Cultos de Nação Afro ou Candomblé é chamada de Umbanda Mista, Umbanda Trançada, Umbanda de Angola, Umbanda Omolocô, Umbandomblé, etc.

Quanto a oferecer um "bife", corações de frango ou de boi, é apenas tirar um pouco da comida de seu prato para oferecer a uma entidade que irá manipular aquele elemento em seu favor. Isso é mais comum em algumas oferendas para entidades da esquerda (Exu, Pombagira e Exu Mirim).

O sacrifício animal não é, por si só, magia negativa. Quando praticado em seu fundamento, deve ser rápido e o mais indolor possível, realizado em ambiente e contexto sagrado, de amor e reverência. Em magia negativa, se explora o sofrimento do animal para projetá-lo em alguém, se tira o sangue para abrir portais negativos. Logo, devemos sempre pensar e conhecer antes de prejulgar.

Aos que são radicalmente contra o sacrifício animal eu recomendo que se tornem vegetarianos, visitem um matadouro, conheçam as drogas e hormônios que são injetados nos animais de carne vermelha e branca. Conheça mais profundamente o assunto e lembre-se: tudo o que é alimento pode ser colocado em comunhão com o sagrado, dependendo apenas da tradição, método e contexto em que está inserido.

Exu e os Dois Amigos – o EGO

Adaptação de uma lenda de Exu

Dois amigos eram vizinhos que se orgulhavam muito de sua amizade e lealdade. Viviam bem, mas não realizavam oferenda a Exu. Certa tarde, se encontravam os dois, como de costume, conversando nos limites de sua propriedade, quando Exu passou por entre eles, usando um chapéu metade branco e metade vermelho.

Estranhando aquela figura entre eles, um comentou com outro:

– Muito estranho aquele homem de chapéu vermelho.

– Chapéu vermelho, não. O chapéu era branco.

E assim passaram a discutir a cor do chapéu, entrando em briga e inimizade.

Esta é uma das lendas mais populares e conhecidas de Exu.

Muitas vezes, Exu parece ser "o espírito de porco" na mitologia nagô-iorubá, mas não nos damos conta de que ele vem, também, para mexer e cutucar o nosso ego.

O fato de os homens não fazerem oferenda a Exu diz muito a seu respeito, pois quem não oferenda Exu, não oferenda a ninguém, o que passa uma ideia de autossuficiência com relação ao sagrado. No universo dos Orixás, dizer que não se oferenda Exu, culturalmente em sua origem Nagô (iorubá), é o mesmo que afirmar não ter religião. Seria o mesmo que um católico dizer que não vai à missa ou um muçulmano afirmar que não segue os preceitos dos cinco pilares de sua fé. Desse contexto é que vem o fato de estar desprotegido e, mitologicamente, isso ser visto como uma afronta a Exu, que aqui representa as forças do destino em relação ao seu ego.

O "outro", esse "amigo", também pode representar o *alter ego* daquele que tem apenas a si mesmo como amigo e não faz oferenda a Exu. Essa situação aparece bem figurada no filme *Besouro*, em que Exu aparece para o personagem principal e pergunta: "O que você quer?" Exu lhe chama de orgulhoso, vaidoso, e diz que quer reverência; ou seja, para Exu bastava bater cabeça, curvar-se e se colocar em gesto de humildade perante ele para receber sua proteção, enquanto o outro personagem, Chico, revoltado com seu destino, chuta a oferenda de Exu. Ali, Chico não está chutando apenas algo de Exu, está chutando todos os valores sagrados de sua cultura, está chutando todos os valores de seus ancestrais, está chutando a fé de um povo. Algo bem parecido com o pastor que anos atrás chutou a imagem de Nossa Senhora Aparecida em rede nacional. Lembrando que o filme se passa num tempo em que não havia televisão, talvez a feira fosse o maior encontro social no contexto, e Chico estava indo para a feira.

Exu nos lembra o tempo todo de que vivemos em sociedade e precisamos uns dos outros para bem viver, já que o ser humano é um ser relacional, que não existe fora da malha dos relacionamentos.

Por isso, se diz que "na Umbanda, sem Exu não se faz nada", o que não se limita a ele, apenas, pois é Exu que abre a porta de comunicação deste mundo para o outro, entre o ayê (a terra) e o orun (o céu).

Quanto aos dois amigos, o orgulho de uma amizade também pode ser elemento da vaidade humana que é colocada em xeque quando é questionada a verdade de cada um.

O que vale mais: estar certo, ter razão ou ser feliz?

Ser feliz é sempre um desprendimento do ego, e sempre que falamos de Exu os egos alheios se exaltam, principalmente quando dizemos que Exu faz o BEM.

Sabemos que Exu é Justo, que está acima do bem e do mal, mas ainda assim sabemos que, na Lei de Umbanda – e é o que nos interessa –, Exu só deve ser evocado, invocado, clamado e chamado de bom coração e com boas intenções. Durante uma gira de Umbanda, quando Exu está incorporado dando consulta, o seu trabalho é sempre no sentido de ajudar, amparar e esclarecer. Uma pessoa que chega mal-intencionada e procura Exu para prejudicar o próximo é alguém que está preso, acorrentado e escravizado no próprio EGO. E na Umbanda Exu também informa, esclarece e conscientiza de que tudo o que desejamos e fazemos ao próximo volta para nós mesmos.

Exu é o meu melhor amigo!

É ele que me ampara na subida e na descida! Com Exu não importa se vamos ao céu ou ao inferno, importa apenas que estamos caminhando com fé em nosso próprio destino! No céu ou no inferno, com Exu, estamos servindo a Deus! Exu pode sim descer às trevas, pode até se instalar nas trevas, mas Exu não é trevas em hipótese alguma. Quando Exu desce às trevas é para levar a Lei e a Luz, falando a mesma língua e se manifestando no mesmo universo da realidade em que se encontra.

Quanto às lendas, são metáforas da vida que apresentam arquétipos semelhantes aos nossos e repetem as situações pelas quais nos deparamos nas nossas existências. Cabe a nós ler, interpretar e compreender seu simbolismo.

Nomes de Exu na Umbanda e Sua Correta Interpretação

Há uma "Ciência Divina" que permeia a religião de Umbanda, pela qual é possível fazer uma correta interpretação dos nomes de nossos Exus. Essa ciência vem sendo revelada por meio da obra de Rubens Saraceni. Existe uma grande curiosidade sobre a força e regência na qual nossos Exus trabalham, pois todos estão atuando no campo de um ou mais Orixás. É importante dizer que não importa qual é o Orixá do médium, seu caboclo ou sua hora de nascimento, estas informações podem ajudar, mas não são determinantes para identificar com qual Exu esse médium trabalha. Para preparar este material a seguir, foram consultados os seguintes livros de Rubens Saraceni: *Livro de Exu, Orixá Exu, Sete Linhas de Umbanda, Umbanda Sagrada, Rituais Umbandistas, Lendas da Criação, Tratado Geral de Umbanda, Código de Umbanda, Doutrina e Teologia de Umbanda Sagrada, Gênese Divina de Umbanda Sagrada, Fundamentos Doutrinários de Umbanda* e *O Guardião da Meia-Noite*. Para interpretar os nomes, precisamos da chave interpretativa, que é a correta relação entre os elementos dos nomes e seus Orixás correspondentes. Por exemplo, se montanhas são de Xangô, Exu Montanha é de Xangô e Exu Sete Montanhas é de Xangô trabalhando nas Sete Vibrações/Linhas de Umbanda. Também é preciso conhecer fatores, verbos e ações relacionados aos

Orixás, como: Cortar, Arrancar, Romper, Abrir, Trancar, Girar, Virar. Desta forma, identificamos, por exemplo, a quem pertence o fator "Abrir", que é de Ogum e que dá origem às linhagens de Abre Caminho (Ogum/Ogum), Abre Rio (Ogum/Oxum), Abre Matas (Ogum/Oxóssi), Abre Tudo (Ogum/Oxalá), Abre Cemitério (Ogum/Obaluaiê). Com a identificação do elemento principal, como "pedra" (Oxum) ou "Pedreira" (Iansã), vamos localizando o campo de atuação: Pedra Preta (Oxum/Omolu), Pedra de Fogo (Oxum/Xangô), ou Pedreira das Almas (Iansã e Obaluaiê), Pedreira de Ferro (Iansã e Ogum), Pedreira de Ouro (Iansã e Oxum).

Por mais que se conheça a chave de um nome, é muito comum a entidade não revelar seu nome por inteiro. Posso saber que trabalho com Exu Tranca Ruas, um Exu de Ogum, porém, ele pode ser um Tranca Ruas das Matas, logo vai voltar-se a Oxóssi, e eu fico sem entender, pois, afinal, ele é um Exu de Ogum atuando nos campos de Oxóssi. Todos temos um Exu de Trabalho na força de nosso Orixá de Juntó, um Exu Guardião na força de nosso Orixá Ancestral e um Exu Natural na Força de nosso Orixá de Frente. Ainda assim, não é suficiente para identificar o nome de nosso Exu. Sua correta revelação deve ser feita de forma mediúnica, para depois, então, ser interpretado. Este estudo e conteúdo fazem parte dos cursos de Doutrina, Teologia e Sacerdócio de Umbanda Sagrada. Boa leitura e bons estudos. Esta lista não deve ser veiculada sem a introdução, ou fontes de origem e citação.

A

Exu Abre (Caminho, Rio, Mar, Mata, Tudo...) – Ogum
Exu Águia Negra – Oxalá e Omolu
Exu Aranha – Iansã
Exu Arranca (Toco, Tudo, Rua, Mar, Almas) – Ogum
Exu Arrebata (Tudo, Matas, Rua) – Ogum
Exu Arrebenta – Ogum

Exu das Almas – Obaluaiê
Exu das Âncoras – Iemanjá, Ogum e Omolu
Exu do Ar – Iansã

B

Exu Bará – Oxalá
Exu Brasa – Xangô e Ogum
Exu da Boca da Mata – Oxóssi
Exu do Buraco – Omolu

C

Exu Cabaça – Nanã
Exu Cabeça – Oxalá
Exu Cadeado – Ogum e Xangô
Exu Caldeira – Xangô
Exu Calunga – Obaluaiê
Exu Campa – Omolu
Exu Capa (Preta, das Almas, da Encruzilhada) – Oxalá, Logunan
Exu Capela – Logunan
Exu Carranca – Ogum e Oxalá
Exu Casco – Ogum
Exu Catacumba – Omolu
Exu Caveira – Omolu
Exu Chave – Oxalá
Exu Chicote – Iansã
Exu Chifre – Iansã
Exu Cipó – Oxóssi
Exu Cobra – Oxumaré
Exu Corisco – Iansã
Exu Coroa – Oxalá
Exu Corrente – Ogum e Oxum
Exu Corta (Fogo, Vento, Rua) – Ogum

Exu Cova – Omolu
Exu Cravo (Preto, Vermelho...) – Oxóssi
Exu Cruz – Obaluaiê
Exu Cruzeiro – Obaluaiê
Exu Curador – Obaluaiê e Ossain
Exu da Cachoeira – Oxum
Exu do Caminho – Ogum
Exu da Campina – Iansã
Exu do Cemitério – Obaluaiê

E

Exu da Encruzilhada – Oxalá, Ogum, Obaluaiê
Exu da Estrada – Ogum
Exu Escudo – Ogum
Exu Espada – Ogum
Exu Estrela – Oxalá

F

Exu do Ferro – Iansã
Exu Fagulha – Egunitá, Iansã e Xangô
Exu Faísca – Iansã
Exu Fechadura – Nanã
Exu Ferrabrás – Xangô
Exu Ferradura – Ogum
Exu Ferrolho – Ogum e Oxum
Exu Figueira – Oxóssi
Exu Fogo – Xangô
Exu Fogueira – Egunitá
Exu Folha – Oxóssi

G

Exu Galhada – Oxóssi
Exu Ganga – Oxalá

Exu Gargalhada – Oxumaré
Exu Garra – Oxóssi
Exu Gato – Oxóssi
Exu Gato Preto – Oxóssi e Omolu
Exu Gira (Mundo – Oxalá, Fogo – Xangô, Tudo – Oxalá...) – Logunan, Iansã
Exu Gruta – Oxum
Exu Guiné – Oxóssi

H

Exu Hora Grande – Oxalá e Logunan

L

Exu do Lodo – Nanã
Exu Labareda – Egunitá
Exu Laço – Logunan
Exu Lama – Nanã
Exu Lança – Ogum
Exu Lonan – Ogum
Exu Lúcifer – Oxalá

M

Exu da Morte – Omolu
Exu das Matas – Oxóssi
Exu do Mar – Iemanjá
Exu Maioral – Oxalá
Exu Mangueira – Oxóssi e Iansã
Exu Marabô – Oxóssi
Exu Meia-Noite – Omolu
Exu Montanha – Xangô
Exu Morcego – Omolu
Exu Mulambo – Omolu

O

Exu das Ondas – Iemanjá, Iansã e Oxumaré
Exu do Ouro – Oxum

P

Exu do Pó – Omolu
Exu dos Punhais – Iansã e Ogum
Exu Pantanal – Oxóssi
Exu Pantera Negra – Oxóssi e Omolu
Exu Pedra (Preta, de Fogo…) – Oxum
Exu Pemba – Oxalá
Exu Pena Preta – Oxóssi e Omolu
Exu Pimenta – Oxóssi e Xangô
Exu Pinga Fogo – Iemanjá e Xangô
Exu Pirata – Iemanjá
Exu Poeira – Omolu e Iansã
Exu Porta – Obaluaiê
Exu Porteira – Obaluaiê
Exu Prego – Ogum

Q

Exu das Quedas – Oxum
Exu Quebra (Galho – Obá, Tudo – Oxalá, Porta – Obaluaiê…) – Ogum

R

Exu das Ruas – Ogum
Exu dos Raios – Iansã
Exu dos Relâmpagos – Iansã e Xangô
Exu Raiz – Oxóssi e Obá
Exu Rei – Oxalá
Exu Rompe (Rua, Matas, Almas, Ferro...) – Ogum

S

Exu das Sombras – Oxalá
Exu Serra Negra – Logunan, Xangô

T

Exu da Tumba – Omolu
Exu Tatá – Obaluaiê
Exu Tata Caveira – Omolu e Obaluaiê
Exu Terra (Preta, Vermelha, Seca...) – Omolu e Obá
Exu Tira (Gira, Teima, Toco) – Iemanjá
Exu Toco (Preto) – Oxóssi e Omolu
Exu Tranca (Ruas, Cruzes, Matas, Gira, Tudo...) – Ogum
Exu Treme Terra – Obá e Omolu
Exu Trinca (Ferro) – Omolu
Exu Tronco – Oxóssi
Exu Tronqueira – Oxóssi e Omolu
Exu Trovão – Xangô

V

Exu do Vento – Iansã
Exu Veludo – Oxum
Exu Ventania – Iansã
Exu Vira (Mundo, Tudo, Vento, Folha, Mata, Mar...) – Logunan

Z

Zé Pelintra é um Mestre do Catimbó que se manifesta na Umbanda na força de Logunan, Oxalá e Ogum. Ainda assim, há Zé Pelintra das Matas, da Cachoeira, do Mar, etc.

Palavra do Editor

Por Wagner Veneziani Costa

Meus nobres Irmãos,

Coube a mim uma das mais difíceis tarefas às vésperas de uma Bienal Internacional do Livro de São Paulo: escrever a respeito de uma obra que, sem dúvida alguma, será um *best-seller*. Além de um conteúdo fantástico, foi escrito por um autor que cresce todos os dias e em todos os sentidos. Um sacerdote que respeito e admiro. Trabalhador incansável, tanto ministrando diversos cursos como escrevendo. E é isso que sempre procuro fazer: apresentar ambos à grande massa de leitores da nossa Madras Editora, assim como os apaixonados por essa religião de Caridade e de Amor...

Não é fácil falarmos de quem amamos. E Alexandre Cumino é um desses AMIGOS, MESTRES, IRMÃOS... Que entram em nossa vida e transformam quase tudo. Que nos emociona, alegra, protege, divide,

Cumino é um ser humano especial, a melhor ajuda que pode existir, um amigo de verdade que sei que vou poder contar pelo resto da minha vida, como meu apoio, a pessoa que sabe todos os meus segredos, que sabe o que estou sentindo só de olhar nos meus olhos. Conhece minhas lutas, vitórias e derrotas, enfim, sabe das minhas esperanças!

Eu poderia contar de tudo o que já passamos juntos, mas é muita coisa, são muitas as histórias que ficarão gravadas em minha memória, situações que daqui a alguns anos vamos lembrar, e então rir e nos orgulhar, mas nada que venhamos a nos arrepender, porque não me arrependo de absolutamente nada do que passamos. Tudo foi aprendizado, tanto para mim quanto para ele, com certeza, e não foram poucas coisas. Então se criou entre nós uma grande esfera, e daqui apouco vocês conhecerão essa energia.

Creio que, além de todo esse carinho, essa admiração que temos um pelo outro é uma das coisas mais bonitas que conquistamos na vida... Pedimos, um ao outro, apenas o que é honesto, e isso faz com que nosso respeito cresça mutualmente...

Sua calma é contagiante, e isso me faz muito bem. Sou pilhado no 220, e ele, com sua forma de ser, traz harmonia e palavras que nos acalenta e nos faz refletir nas atitudes, etc.

Tenho poucos amigos mesmo, confesso. Mas os poucos que possuo são dignos de serem lembrados. Meus amigos são verdadeiros diamantes. E, se eu pudesse, eu mostraria, ao mundo todo, essas verdadeiras joias. Gostaria que eles contemplassem essas relíquias que brilham por dentro e que a todo instante me fascinam mais e mais. É por eles que quero caminhar por aí todo dia, sem medo de mostrar tudo aquilo que eu tenho de melhor.

Não podemos nos esquecer de que a vida é curta e as oportunidades são raras, e temos de ficar de olhos abertos e protegê-las. Não me refiro apenas às oportunidades de sucesso, mas também as de rir, de ver o encanto do mundo e de viver. E isso tem sido nossas longas e deliciosas conversas, uma vez a cada 15 dias no mínimo... Porque a vida não nos deve nada, na verdade eu penso que nós devemos algo ao mundo.

Agora é a hora de brilharmos, é o momento em que nossos sonhos estão ao nosso alcance e as possibilidades são vastas. Agora é a hora de nos tornarmos as pessoas que sempre sonhamos ser. Este é o seu mundo. Você está aqui. Você é importante. O mundo está esperando... Porque, com certeza, você merece tudo de melhor que possa existir neste mundo.

E sou muito grato, principalmente, por me ensinarem o significado da palavra amigo. Amigo que para mim é sinônimo de união, de amor. Hoje, amanhã e sempre. Amigo para nunca deixar de ter amor.

O Orixá Exu

Comecemos a falar a respeito do Orixá Exu, mostrando que ele não tem nada a ver com o Diabo. Em muitas conversas, debates, sempre perguntei: Deus é Onipresente? Onipotente? Onipresente? Se ele é tudo isso, quem seria o Diabo? Será que Deus tem, como nós seres humanos, o lado bom e o lado ruim? Se seguirmos a Bíblia, não teremos dúvidas, pois ali está o Deus mais cruel que já vimos. Mas isso não me pertence. E aquilo que não me pertence, não é meu.

Porém isso não é tão simples assim. Existem vários ditados populares, e entre eles há um que diz que "uma mentira repetida várias vezes se torna verdade", e isso nos preocupa muito. Outra que nos chama atenção é "quem conta um conto, aumenta um ponto". E, daí, para se criar novas histórias, mitos e lendas se torna lugar-comum, uma "verdade", já que temos o péssimo hábito de acreditar em tudo o que nos é dito, quando teríamos de ir atrás dessas informações e verificar a veracidade dessas "historinhas".

Temos uma certeza, estigma: esse ser diabólico que afirmamos não existe, foi criado pela religião católica, pelos protestantes... Basta verificarmos as traduções de suas Bíblias. São os mesmo que o pintaram EXU de vermelho, cor da kundalini, do sexo, do fogo... Colocaram-lhe chifres, mal sabendo que estavam lhe dando um símbolo de poder, de força e de vitalidade... Também lhe deram rabo. Lamentável foi que os próprios religiosos das culturas afros, bem mais antigos, acataram a ideia e assim foram feitas as imagens que infelizmente ainda vemos espalhadas em algumas lojas de artigos religiosos, formando assim um "monstrinho".

O autor desta obra, com muita propriedade e conhecimento vai descrevendo quem é quem, ou seja, quem é o "Diabo", o que é isso? De onde vem os mitos, as lendas e muitas outras histórias sobre esse personagem...

Se tirarmos o Diabo de muitas religiões, elas simplesmente desaparecem, pois o personagem central é o mal, o pecado, o sexo... Energia atribuída ao Diabo!

Como vocês verão, Cumino apresentará o que realmente é Exu: Amor, Luz, Força, Fertilidade, é o início...

Temos no selo da Madras uma Deidade muito amada e respeitada em toda a Índia e em outros países, Ganesha, que na maioria das vezes apresenta uma enorme semelhança com o Orixá Exu. Ganesha é uma Deidade que remove todos os obstáculos do seu caminho. É o Deus da Boa Sorte e da Prosperidade, das boas oportunidades. E quem remove os obstáculos na Umbanda é exatamente Exu.

Diante dessa maravilhosa obra que você tem em mãos, não poderia furtar-me e dizer que Ganesha também é um dos maiores escritores do mundo, e quero, resumidamente, contar-lhes como isso começou...

O Senhor Ganesha e o Mahabharata, de Vyasadeva

Veda Vyasa havia concebido um grande poema chamado *Mahabharata*, com muitas ideias interessantes e temas diferentes. Ele queria que esse poema clássico chegasse à sociedade, para ajudar todas as pessoas. Enquanto matutava como apresentar esse grande poema épico de inúmeros versos, o Senhor

Brahma apresentou-se perante ele. Depois de adorar o avô Brahma, Veda Vyasa expressou:

– Meu querido pai, concebi um grande poema e estou certo de que será glorificado pelas grandes personalidades. Esse poema falará sobre a importância dos *Vedas* e dos *Upanisads* e abarcará tudo o que queremos saber sobre o universo.

– O que está esperando então? – perguntou Brahma.

– Ainda não consegui encontrar o escrivão perfeito – disse Veda Vyasa.

– Implore a Ganesha para que o ajude nesse assunto – disse Brahma.

Veda Vyasa sentou-se e começou a meditar em Ganesha, o qual prontamente apareceu perante Vyasa e perguntou-lhe por que motivo o havia invocado.

– Quero que seja o escrivão de meu grande *Mahabharata* – disse Vyasa.

Ganesha assentiu e disse:

– Aceito com uma só condição. Eu escreverei, mas você não poderá deter-se nem um instante. Não posso esperar que cristalize suas ideias.

– Que assim seja – disse Vyasa –, mas não poderá escrever uma só letra sem entender a importância do tema.

Ganesha estava de acordo, e Vyasa começou a recitar o primeiro verso do *Mahabharata*:

Om narayanam namaskrtya Nara caiva narottamam devim sarasvatim vyasam tato jayam udirayet.

O primeiro verso deixou Ganesha pensativo durante algum tempo antes que pudesse escrever. Enquanto isso, Vyasa utilizou esse tempo para compor muitos outros versos. Dessa maneira, ele compunha alguns versos e deixava que Ganesha pensasse neles e os compreendesse. Assim, foi concluído o *Mahabharata*, o maior poema épico de todos os tempos, e Ganesha tornou-se o primeiro estudante do *Bhagavad-gita*, a

Escritura Sagrada mais gloriosa do Oriente, o eixo central do *Mahabharata*. Essa obra compõe o maior número de texto em uma só obra. São cerca de 1,8 milhões de palavras e 74 mil versos.

Esse passatempo de Ganesha como escrivão do *Mahabharata*, enquanto Vyasa ditava, indica que as Sagradas Escrituras não devem ser lidas de maneira caprichosa, mas sim que se deve estudá-las cuidadosamente, sob a orientação de um Mestre Espiritual ou Guru. Foi com o dente, seu bem mais precioso, que Ganesha, escreveu essa enorme epopeia, um não à vaidade... Assim sendo, ele rompe com seu ego, pois, para quem não sabe, Ganesha era a Deidade mais linda da Índia, quando, em uma luta com seu pai, Shiva, ele perde a cabeça e, então, ganha a cabeça de um elefante bebê branco.

Exu e a Esfera

Não podemos deixar de citar que Exu é o princípio da reciprocidade... Quando agradecido, tonar-se um grande amigo e fiel escudeiro, um Guardião. Exu também é, assim como Ganesha, a manifestação da sorte, da riqueza e da prosperidade. É interessante que todo comerciante na Índia coloca a imagem de Ganesha em seus negócios, para que o negócio prospere...

Abri este parêntese porque acho muito importante conhecer a história de outros "EXUS". Respeitando as características de cada um. Exu, em iorubá, significa ESFERA, no sentido de infinito, que não tem começo nem fim. Para outros ainda, é uma espiral, na sua forma de Geometria Sagrada.

Espiral é a essência do mistério da vida. Assim como se centra, ela também para, encontra-se, retorce-se e, então, desce e sobe novamente em graciosas curvas. O tempo se retorce em torno de si mesmo, trazendo ecos e vibrações, enquanto que os caminhos vivos da espiral passam próximos um do outro.

A vida corre por estradas sinuosas, os seres se encontram em determinados pontos de suas caminhadas, entrelaçam-se, afastam-se, partem, retornam às origens. O ponto de partida também é o ponto de chegada, trazendo-nos a questão do retornar sempre, reencontrar-se e se renovar.

Aqui lembramos do Deus Shiva, pai de Ganesha e uma das Trindades do Hinduísmo (Destruidor. Transformador e Renovador). Ele, na verdade, é o Himalaia. Poderíamos agora embarcar em uma grande e misteriosa viagem, mas não é esse o propósito neste momento.

As espirais também circulam dentro de nós, a energia circula em espiral, é onde a matéria e o espírito se encontram, e o tempo, por ele mesmo, não existe. Os nativos lembram as diversidades da vida e dos caminhos, e não compreendem o mundo de forma linear, o seguir em frente em uma única direção como se a vida fosse uma linha reta, traçada entre um ponto de início e um de término. O destino é sempre ir além, não dá para voltar.

O grande desafio de todo ser, por natureza um guerreiro trilhando as estradas das espirais da vida, é essa busca, é o retorno, é a partida, é caminhar em círculos/ciclos assim como caminha a natureza, pois somos parte dela. É fazer girar a roda do tempo, não nos prendendo em nenhum ponto em específico porque, assim, podemos vislumbrar os mais diversos pontos que compõem a espiral. Gostei muito disso, sem modéstia.

Para os celtas, o circular, o espiral, é a essência do mistério da vida. Vejamos a simbologia de Stonehenge, um monumento pré-histórico que nos instiga a imaginação. A manifestação da vontade do inominável e desconhecido cria a vida e se expressa em três círculos: *abred*, o círculo interior, onde pulsa o gérmen de todas as coisas; *gwenved*, círculo do centro da beatitude, e *keugant*, o círculo exterior, onde somente Deus se encontra. Acreditavam em cinco elementos de sustentação da vida: kalas (a Terra, a emanação de De Mater), *gwyar* (a humildade), *fun* (o ar), *uvel* (fogo, luz, calor), *nwyvre* (emanação do espírito de Dis Pater). Da união da emanação do espírito de Dis Pater e De Mater com os demais elementos surge a vida.

De Meter é a raiz de Demeter, deusa da Grécia; também é o princípio feminino Morrigan, a Morgana dos celtas, Don para os russos e Dana, a Senhora Rainha da Estrela Sírius; e outro nome de Ísis para os tuatha, ou Ana. Os irlandeses chamavam-na Danu. Dan é uma palavra céltica e está presente na composição de muitos nomes arianos, escandinavos e eslavos – como Danmark (Dinamarca), Dan ou Wodan (Odin, deus da mitologia escandinava) – e também dos germanos. A tribo de Dan, à qual pertencia Sansão, para alguns era formada por uma aliança celta-hebraica.

Ainda podemos encontrar entre os celtas a união de três espirais (Triskle), um antigo símbolo indo-europeu, também usado pelos germânicos e gregos, que simboliza as tríades da vida em eterno movimento e equilíbrio. O número 3 era considerado sagrado pelos celtas, e a tríade está repleta de significados diferentes: o céu, o mar e a terra; o corpo, a mente e o espírito; primavera, verão e inverno. As três faces da deusa: donzela, mãe e anciã. O nascimento, a vida e a morte. Em todos eles, há a representação do movimento e do equilíbrio.

As danças ritualísticas eram circulares; as reuniões e celebrações eram normalmente organizadas em círculos. Sendo assim, a energia do local e dos participantes podia interagir e correr de modo mais fluente. Certamente o círculo é a forma que representa a força em movimento e a vida em seu fluxo. Não é de se estranhar que ainda seja considerado, por muitos, uma forma geométrica sagrada.

O livro que você tem em mãos é tão fantástico que nos faz entrar em contato com a própria esfera interior, e fazermos a jornada... Cumino fala de Exu nas principais religiões, civilizações antigas, até os dias de hoje, com muita clareza e objetividade. E o Diabo não fica para trás, será discutido em todas as suas formas "pagãs" (coitado dos pagãos, chega a ser cômico. Pagão é o camponês, o homem do interior, o que aqui chamamos de caipira).

O historiador Peter Brown observa:

*A adoção da palavra latina paganus pelos cristãos, como um termo pejorativo abrangente para politeístas, representa uma vitória imprevista e, singularmente, de longa duração de um grupo religioso, com o uso de uma gíria do latim originalmente desprovida de significado religioso. A evolução ocorreu apenas no Ocidente latino e em conexão com a igreja latina. Em outra parte, "heleno" ou "gentios" (*ethnikos*) manteve-se a palavra "pagão", e* paganos *continuou como um termo puramente secular, com toques de inferioridade.*

O que tenho aprendido é que a Lei do Retorno é infalível e que a Magia não serve a dois Senhores... Vou mais longe, a magia tem que servir a você. Que seja feita sua vontade, e sob ela toda responsabilidade é somente sua.

O Diabo

Resta agora falar de uma coisa que não acredito, fica difícil falar daquilo que não existe para mim. Porém, existem muitos textos em que eles aparecem; em todas a mitologias religiosas de civilizações antigas, eles estão presentes. O Cumino cita alguns desses textos e explica a origem de alguns desses "diabos". Para mim, isso não passa de metáfora. Já na Bíblia ele é um dos personagens principais. É um ser criado por Deus, que se rebelou contra o seu Criador. Ele é como os anjos, mas escolheu o mal e tenta a qualquer preço destruir as obras de Deus. Segundo a Bíblia, esse diabo pode controlar o ser humano, quando esse permitir ou cair em pecado ou tentação... Eis outro ponto que para mim é ridículo. Pecado? Isso não existe... Mas é sob essas aberrações que centenas de religiões sobrevivem. Por meio do medo elas tentam manipular os seres humanos, criando vários tipos de pecados, etc., um absurdo. Você tem de fazer a sua vontade prevalecer. Lógico que você não vive sozinho, e respeitar o próximo é uma das maiores virtudes do ser humano de bem.

Diabo vem do grego *diábolos* e significa "o enganador". Já Satanás, como também é conhecido, significa "adversário". Percebam que, na verdade, o Diabo simboliza o mal, e fica claríssimo para nós, que temos amor no coração, que Exu não pode ser o Diabo, pois ele é do bem... Um ser que, com certeza, respeita todas as criações de Deus.

Encerro aqui esta missão, que realizei com imenso amor e respeito, pelo autor e pelo trabalho magnífico que vem desenvolvendo...

Fraternalmente,

Wagner Veneziani Costa
Presidente e Editor-Geral da Madras Editora

Posfácio

Por Rodrigo Queiroz

Certamente você já ouviu o ditado popular que diz algo assim: "Uma mentira contada frequentemente torna-se uma verdade". Quando um sacerdote e literato como Pai Alexandre Cumino decide escrever uma obra com este título *Exu não é Diabo*, cria-se um imenso ponto de interrogação. Afinal, a quem se destina este livro? Ao umbandista? Mas o umbandista não sabe disso? Ou ao público leigo? Mas o leigo se interessa por isso?

O que de fato incomoda, lá no fundo, esse autor? Esse título é um grito de libertação? É a mais sincera expressão e pontofinal desse assunto que assombra o sacerdócio desse autor? O que motiva esse mestre espiritual trazer à luz esse seu filho que já nasce cheio de rebeldia?

Eu sei, leitor, que você está ansioso para iniciar a leitura e se depara com um prefácio cheio de questionamentos, mas sua atenção aqui será importante para esta viagem deliciosa que será o pensar sobre a invenção do Diabo, o que endiabra você, que é sua expressão mais feia e que assume o seu pior reflexo.

O Diabo é uma invenção estratégica e você compreenderá isso perfeitamente ao longo desta leitura. Do mesmo modo que inventaram o "capiroto" também perversamente criaram a mentira de que Exu é sinônimo de Diabo. E isso foi há bastante tempo; tem data, registro e estratégia.

Pois é, vou sintetizar: Adjai é o nome de um nigeriano escravizado em solo pátrio e capturado pelos ingleses em 1822. Nessa ocasião, Adjai tinha 13 anos, foi adotado e criado pela Sociedade Missionária Anglicana e, ao ser batizado por essa igreja cristã, recebeu o nome de Samuel Adjai Crowther.

Educado e ordenado padre, Crowther tornou-se um expoente intelectual e de relevante importância acadêmica, tendo iniciado a primeira gramática da língua yorubá. Ordenado o primeiro bispo negro da história, Crowther transcende e participa da constituição da primeira versão da Bíblia Sagrada para o yorubá, em 1900. Fazia parte da sua estratégica e longa missão de divulgação da "obra do Senhor" em solo africano.

O detalhe é que para se traduzir algo você precisa recorrer a uma gramática, e eis que então lá na *Gramática Yorubá*, curiosamente dirigida por Crowther, qual era o sinônimo da palavra Diabo? Acertou se respondeu Èsu. Inclusive basta uma pesquisa no tradutor do Google de português para iorubá: coloque a palavra diabo e veja o que sai.

Imagine o impacto que é para um povo ser convertido e ler a "palavra do Senhor" dirigir-se ao Diabo usando o termo Exu. Pronto! Não precisa muito discurso, a confusão está feita e literalmente sacramentada; para o fiel a lógica é simples: se está na Bíblia, então é inquestionável.

O desdobramento dessa perversa estratégia faz um culto fortíssimo, que era o culto a Exu, perder força e credibilidade nesse colapso teológico. Esse desserviço histórico para a cultura da humanidade sob prisma bíblico perdurará ainda por muito tempo, mas fato é que, desde então, existe aí um subsídio para alimentar não só a crença no Diabo, mas também a de que Exu é o Diabo.

Mais de um século depois, com muita divulgação, mídia e confusão, eu respondo agora aos questionamentos levantados no início. Muitos umbandistas pensam como católicos e, portanto, acreditam no Diabo. E mesmo que não confessem, ao incorporar Exu, dado seu imaginário mais profundo, o que se revela ali é uma *persona* do "dito--cujo". Portanto, é certo afirmar que muitos umbandistas fiquem confusos ao ler o título desta obra.

Se um dia Exu virou Diabo, é dever de todo honesto conhecedor das religiões e fundamentalmente da Umbanda, tal como Pai Alexandre Cumino, dedicar todo esforço necessário para explicar, divulgar e fazer saber que EXU NÃO É DIABO.

No entanto, Pai Alexandre Cumino o faz com todo seu brilhantismo de sempre. Aqui, muito além de entender de uma vez por todas que Exu não é o Diabo, você será provocado por meio de evidências a ter de rever tudo o que um dia acreditou sobre o "coisa-ruim".

Você certamente não é mais o mesmo ao final desta leitura. Parabéns por se permitir à liberdade de consciência!

Axé, Saravá, Mojubá, Laroyê!

Pai Rodrigo Queiroz
Diretor do Umbanda EAD

www.umbandaead.com.br

Bibliografia

ALEXANDRE, Claudia. *Orixás no Terreiro Sagrado do Samba*. Rio de Janeiro: Aruanda, 2021.
BÍBLIA, Português. *A Bíblia de Jerusalém*. Nova edição revista e ampliada, 5ª impressão, São Paulo: Paulus, 2008.
BÍBLIA, Português. *Ave-Maria*. 162. ed. São Paulo: Editora Ave-Maria, 2004.
BRITO, Mawó Adelson de. Exu: *Èsú Elegbára é Vòdun Legbà*. Salvador: Press Color, 2018.
CUMINO, Alexandre. *Orixás na Umbanda*. 2. ed. São Paulo: Madras Editora, 2018.
FONTENELE, Aluizio. *Exu*. 2. ed. Rio de Janeiro: Edições Aurora, 1954.
GARDNER, Laurence. *O Diabo Revelado*. 1. ed. São Paulo, Madras Editora, 2013. KRIJANOWSKAIA, Wera. *Os Magos*. 5. ed., São Paulo: Lumen, 1999.
LEVI, Eliphas. *Dogma e Ritual de Alta Magia*. 11. ed. São Paulo: Madras Editora, 2016.
LOPES, Nei. *Ifá Lucumí*. Rio de Janeiro: Pallas, 2019.
OYEWÙMÍ, Oyèrónké. *A Invenção das Mulheres*. Rio de Janeiro: Bazar do Tempo, 2021.
RAMOS, Arthur. *O Negro Brasileiro*, 5. ed. Rio de Janeiro: Graphia, 2001.
RIBEIRO, Ronilda Iyakemi. *Alma Africana no Brasil*: os Iorubás. São Paulo: Oduduwa, 2011
RODRIGUES, Nina. *Os Africanos no Brasil*. 1. ed. São Paulo: Madras Editora, 2008.
ROSA, João Guimarães. *Grande Sertão: Veredas*. 21. ed. Rio de Janeiro: Nova Fronteira, 2015.

SÀLÁMI, Síkírù; RIBEIRO, Ronilda Iyakemi. *Exu e a Ordem do Universo*. São Paulo: Oduduwa, 2011.
SANTOS, Juana Elbein dos; SANTOS, Deoscoredes Maximiliano dos. *Èsú*. Salvador: Corrupio, 2014.
SARACENI, Rubens. *Orixás Ancestrais*. 1. ed. São Paulo: Madras Editora, 2001.
_____. *O Cavaleiro do Arco-Íris*. 1. ed. São Paulo: Madras Editora, 2009.
_____. *O Cavaleiro da Estrela Guia*, 1. ed. São Paulo: Madras Editora, 2004.
_____. *O Guardião das Sete Encruzilhadas*, 1. ed. São Paulo: Madras Editora, 2003.
_____. *O Guardião da Meia-Noite*. 22. ed. São Paulo: Madras Editora, 2016.
_____. *O Guardião do Amor*. 1. ed. São Paulo: Madras Editora, 2008.
_____. *Os Guardiões dos Sete Portais*. 1. ed. São Paulo: Madras Editora, 2005.
_____. *A Evolução dos Espíritos*. 1. ed. São Paulo: Madras Editora, 2005.
_____. *Livro de Exu*. 8. ed. São Paulo: Madras Editora, 2015.
_____. *Orixá Exu*. São Paulo: Madras Editora, 2008.
SILVA, Vagner Gonçalves da. *Exu*. Rio de janeiro: Pallas, 2015.
SIMAS, Luiz Antonio; RUFINO, Luiz. *Fogo no Mato: a Ciência Encantada das Macumbas*. Rio de Janeiro: Mórula, 2018.
TORÁ, Português. *A Torá Viva*, anotado por Rabino Aryeh Kaplan, tradução Adolpho Wasserman, São Paulo: Maayanot, 2000.
USHER, José. *Memórias de um Kiumba*. 1. ed. São Paulo: Madras Editora, 2017.
VERGER, Pierre. *Notas Sobre o Culto aos Orixás e Voduns*. 1. ed., São Paulo: Edusp, 1999.
VERGER, Pierre Fatumbi. *Orixás: Deuses Iorubás na África e no Novo Mundo*. 6. ed. Salvador: Corrupiu, 2002.
XAVIER, Francisco Cândido. *Nos Domínios da Mediunidade*. 23. ed., Brasília: FEB Editora, 1995.
_____. *Ação e Reação*. 18. ed. Brasília: FEB Editora, 1997.